EFICÁCIA EXPANSIVA DA SENTENÇA CONSTITUCIONAL

JAIR MAROCCO

José Henrique Mouta Araújo
Rosalina Moitta Pinto da Costa
Apresentações

EFICÁCIA EXPANSIVA DA SENTENÇA CONSTITUCIONAL

Belo Horizonte
FÓRUM
CONHECIMENTO JURÍDICO
2023

© 2023 Editora Fórum Ltda.

É proibida a reprodução total ou parcial desta obra, por qualquer meio eletrônico, inclusive por processos xerográficos, sem autorização expressa do Editor.

Conselho Editorial

Adilson Abreu Dallari
Alécia Paolucci Nogueira Bicalho
Alexandre Coutinho Pagliarini
André Ramos Tavares
Carlos Ayres Britto
Carlos Mário da Silva Velloso
Cármen Lúcia Antunes Rocha
Cesar Augusto Guimarães Pereira
Clovis Beznos
Cristiana Fortini
Dinorá Adelaide Musetti Grotti
Diogo de Figueiredo Moreira Neto (*in memoriam*)
Egon Bockmann Moreira
Emerson Gabardo
Fabrício Motta
Fernando Rossi
Flávio Henrique Unes Pereira
Floriano de Azevedo Marques Neto
Gustavo Justino de Oliveira
Inês Virgínia Prado Soares
Jorge Ulisses Jacoby Fernandes
Juarez Freitas
Luciano Ferraz
Lúcio Delfino
Marcia Carla Pereira Ribeiro
Márcio Cammarosano
Marcos Ehrhardt Jr.
Maria Sylvia Zanella Di Pietro
Ney José de Freitas
Oswaldo Othon de Pontes Saraiva Filho
Paulo Modesto
Romeu Felipe Bacellar Filho
Sérgio Guerra
Walber de Moura Agra

FÓRUM
CONHECIMENTO JURÍDICO

Luís Cláudio Rodrigues Ferreira
Presidente e Editor

Coordenação editorial: Leonardo Eustáquio Siqueira Araújo
Aline Sobreira de Oliveira

Rua Paulo Ribeiro Bastos, 211 – Jardim Atlântico – CEP 31710-430
Belo Horizonte – Minas Gerais – Tel.: (31) 99412.0131
www.editoraforum.com.br – editoraforum@editoraforum.com.br

Técnica. Empenho. Zelo. Esses foram alguns dos cuidados aplicados na edição desta obra. No entanto, podem ocorrer erros de impressão, digitação ou mesmo restar alguma dúvida conceitual. Caso se constate algo assim, solicitamos a gentileza de nos comunicar através do *e-mail* editorial@editoraforum.com.br para que possamos esclarecer, no que couber. A sua contribuição é muito importante para mantermos a excelência editorial. A Editora Fórum agradece a sua contribuição.

Dados Internacionais de Catalogação na Publicação (CIP) de acordo com ISBD

M354e Marocco, Jair

    Eficácia expansiva da sentença constitucional / Jair Marocco. Belo Horizonte: Fórum, 2023.

    153p.; 14,5cm x 21,5cm.
    ISBN: 978-65-5518-609-3.

    1. Precedentes judiciais. 2. Teses jurídicas e precedentes. 3. Eficácia da sentença constitucional. I. Título.

                          CDD 347.05
                          CDU 347.9

Ficha catalográfica elaborada por Lissandra Ruas Lima – CRB/6 – 2851

Informação bibliográfica deste livro, conforme a NBR 6023:2018 da Associação Brasileira de Normas Técnicas (ABNT):

MAROCCO, Jair. *Eficácia expansiva da sentença constitucional*. Belo Horizonte: Fórum, 2023. 153 p. ISBN 978-65-5518-609-3.

Para Celina e Chiara.

Institucionalmente, até por dispositivo da Carta Magna, compete ao Supremo Tribunal Federal a guarda da Constituição, porém, o maior guardião da Constituição é o regime democrático; e seu mais autêntico e poderoso defensor é o povo brasileiro.
(VELOSO, 2003)

Le leggi furono opera dell´uomo, parto del suo ingegno, chiare ed intelligibili anche per la plebe; ma ora la troppa sapienza degli interpreti vi ha indotto tanta perturbazione che nella vita nessun´altra cosa si avvolge in maggiori ambiguità ed equivoci
(GALETEO, Antonio. *Eremita*, 1496)[1]

---

[1] *Apud* MODUGNO, Franco. *Interpretazione Giuridica*. 2. ed. Padova: Cedam, 2012.

LISTA DE ABREVIATURAS E SIGLAS

ADI – Ação Direta de Inconstitucionalidade
ADC – Ação Declaratória de Constitucionalidade
ADPF – Arguição de Descumprimento de Preceito Fundamental
AgR – Agravo Regimental
CC – Código Civil
CF – Constituição Federal
CPC – Código de Processo Civil
CNJ – Conselho Nacional de Justiça
CPP – Código de Processo Penal
CLT – Consolidação das Leis Trabalhistas
COFINS – Contribuição para Financiamento da Seguridade Social
DJ-e – Diário de Justiça eletrônico
EC – Emenda Constitucional
ED – Embargos de Declaração
HC – *habeas corpus*
ICMS – Imposto sobre Circulação de Mercadorias e Serviços
LOAS – Lei Orgânica da Assistência Social
MI – Mandado de Injunção
MC – Medida Cautelar
PIS – Programa de Integração Social
RCL – Reclamação
RE – Recurso Extraordinário
REsp – Recurso Especial
RMS – Recurso em Mandado de Segurança
RISTF – Regimento Interno do Supremo Tribunal Federal
SE – Sentença Estrangeira
SL – Suspensão de Liminar
STF – Supremo Tribunal Federal
STJ – Superior Tribunal de Justiça
SV – Súmula Vinculante

SUMÁRIO

APRESENTAÇÃO
José Henrique Mouta Araújo 13

APRESENTAÇÃO
Rosalina Moitta Pinto da Costa 15

CAPÍTULO 1
INTRODUÇÃO 17

CAPÍTULO 2
A EFICÁCIA EXPANSIVA DAS DECISÕES DO SUPREMO
TRIBUNAL FEDERAL: ANTECEDENTES E O ESTADO ATUAL 21

2.1 Composição e competência do Supremo Tribunal Federal na estrutura organizacional-constitucional brasileira 21
2.2 A "guarda da Constituição" e a evolução de teorias da interpretação judicial: Judiciário como copartícipe do desenvolvimento do direito – Da interpretação *in abstracto* e da interpretação *in concreto* 22
2.3 Das modificações do direito positivo rumo à expansão da eficácia das decisões do STF: de Ruy Barbosa ao Novo CPC 26
2.4 Do pano de fundo para as reformas: dispersão jurisprudencial excessiva, crise numérica no STF, tutela da segurança jurídica, da igualdade e da uniformidade 32
2.5 Aproximação ao modelo do *common law*? 34
2.6 Os artigos 926 e 927 do CPC e normas correlatas: o coroamento do *stare decisis* no direito brasileiro e alguns apontamentos críticos ... 39

CAPÍTULO 3
O NOVO PAPEL DA SENTENÇA CONSTITUCIONAL NO
DIREITO BRASILEIRO 49

3.1 A iniciativa perante a Corte 49
3.2 O procedimento decisório 50
3.2.1 Colegialidade e discussão pelo órgão judicante 56

3.2.2	Modo de deliberação, estrutura da sentença e os argumentos submetidos a contraditório	66
3.2.3	Publicação da decisão	75
3.3	O produto da decisão e a questão dos seus efeitos	78
3.3.1	Os graus de eficácia: precedentes expansivos x precedentes vinculantes	83
3.3.2	O conteúdo da decisão: *ratio decidendi* x teses jurídicas	84
3.4	Especificações sobre o produto da decisão nos diferentes procedimentos	97
3.4.1	No controle concentrado de constitucionalidade	97
3.4.2	Nos enunciados de súmula vinculante e enunciados de súmula em matéria constitucional	105
3.4.3	No Recurso Extraordinário	116
3.4.4	Demais decisões da Corte	131
3.5	Repercussões dos produtos decisórios nos demais procedimentos	133
3.5.1	A reclamação no sistema brasileiro de vinculação a decisões	133
3.5.2	A ação rescisória e a violação manifesta de norma jurídica	135
3.5.3	Decisões monocráticas do relator	136
3.5.4	Reflexos conexos, no sistema do Código, do acertamento do direito pela Suprema Corte	137
3.6	Modificação de orientação em teses e em precedentes e modulação temporal	138
3.7	Considerações finais acerca das reformas e da crise numérica no STF	141

CAPÍTULO 4
CONCLUSÕES 143

REFERÊNCIAS 147

APRESENTAÇÃO

Fui convidado e aceitei, com muita honra, apresentar o livro de Jair Sá Marocco. Trata-se da versão comercial de sua tese de doutorado defendida no Programa de Pós-Graduação em Direito da Universidade Federal do Pará – UFPA, sob a orientação da Professora Doutora Rosalina Moitta Pinto da Costa.

Conheço o autor há algum tempo. Sempre foi profissional dedicado e preocupado com valores ligados ao conhecimento e a busca pela igualdade no tratamento das demandas envolvendo o Poder Público. Em nível acadêmico, Jair tem vários textos e livros publicados em que debate o sempre complexo diálogo entre o direito constitucional, financeiro, tributário e processual.

Jair ingressou nos quadros da Procuradoria-Geral do Estado do Pará em 2011, onde demonstra, a cada dia de trabalho, dedicação e afinco com a causa pública em múltiplas frentes de atuação.

Importante registrar que existem três felizes coincidências que nos ligam: a) fizemos doutorado na Universidade Federal do Pará (minha *alma mater*); b) fomos orientados pela competentíssima Professora Doutora Rosalina Moitta Pinto da Costa; c) somos procuradores do estado do Pará.

Com estas breves palavras, já é possível perceber que a trajetória acadêmica e profissional de Jair é digna de muitos elogios. O autor é exemplo de profissional para todos nós que somos professores, procuradores, alunos e leitores de suas obras.

Este livro realiza o cotejo teórico e prático de diversos institutos, com o objetivo de responder às diversas indagações que são apresentadas na própria introdução, dentre as quais destaco: o que seria o elemento "fundamentos determinantes" de uma decisão? Haveria "fundamentos determinantes" em súmulas ou na jurisprudência pacificada do Tribunal?

O autor procura enfrentar os problemas e apresentar sugestões para o efetivo alcance de um modelo teórico de vinculação à luz do Código de Processo Civil e da própria Constituição Federal.

Após a introdução, passa o autor a abordar a questão ligada à eficácia expansiva das decisões do Supremo Tribunal Federal, com análise constitucional e das diretrizes consagradas nos arts. 926 e 927, do Código de Processo Civil.

Na seção seguinte, o texto passa a discutir o que chama de novo papel da sentença constitucional no direito brasileiro, passando pelo procedimento decisório até a análise do produto advindo do pronunciamento judicial.

Ainda nesta seção, ponto importante do texto é o debate das repercussões do produto decisório em relação aos demais procedimentos, dentre os quais a ação rescisória e a reclamação – institutos que sempre provocam inúmeras controvérsias práticas ligadas ao sistema de controle de precedentes no Brasil.

Não menos polêmica é a discussão quanto a modulação temporal de efeitos da decisão e as modificações ligadas à orientação prática acerca do cumprimento das teses fixadas pelo Supremo Tribunal Federal, assunto que também é tratado com grande profundidade nesta obra.

Outra grande qualidade da versão comercial da tese de doutorado aqui apresentada é a análise de casos concretos oriundos do Pretório Excelso e suas consequências quanto ao cumprimento pelos demais órgãos que compõem o sistema de justiça. Aliás, vale citar passagem da conclusão da obra, onde o autor aponta que "em nosso sistema convivem, pois, teses jurídicas e precedentes judiciais, enquanto produtos-judiciários, podendo ambos serem objeto de aplicação e cotejo interpretativo relativamente aos casos posteriores".

Enfim, o livro trata de tema polêmico, atual e de grande relevância, com enfrentamento de forma verticalizada e completa, razão pela qual se reputa utilíssimo para a compreensão dos vários aspectos aqui tratados.

Parabéns ao autor e à editora pelo importante trabalho. Ganhamos todos nós, seus leitores.

Brasília, 1º semestre de 2023.

José Henrique Mouta Araújo
Pós-doutor (Universidade de Lisboa),
Doutor e Mestre (Universidade Federal do Pará – UFPA)
Professor do PPGD – CESUPA/PA.

APRESENTAÇÃO

Muito me honra apresentar o livro escrito por Jair Sá Marocco, que trata de importante tema ligado ao sistema de precedentes vinculantes, examinando um modelo teórico de vinculação a decisões superiores à luz do atual Código de Processo Civil.

Jair Sá Marocco é mestre pela UFPA, tendo defendido a dissertação intitulada *O STF como Corte Interpretativa: repercussões na decisão de inconstitucionalidade (precedentes constitucionais e tipologia decisória)*, da qual tive o prazer de ser a orientadora.

Naquela ocasião, o autor já demonstrava sua inquietação com o tema de precedentes, imprimindo, em sua dissertação de mestrado, sua marca, fazendo uma abordagem crítica das repercussões na decisão de inconstitucionalidade.

Jair Sá Marocco sempre se mostrou muito criativo e perspicaz em seus questionamentos e em suas observações, sendo possível perceber que se tratava de um discente ímpar.

Este livro é a versão comercial de sua tese de doutorado, defendida na Universidade Federal do Pará (UFPA). Mais uma vez, tive a satisfação de ser sua orientadora em um estudo estimulante.

Jair Marocco visa defender nesta obra um modelo teórico de vinculação capaz de recepcionar as categorias do *common law* e, ao mesmo tempo, preservar nossa tradição. Distinguindo o que denomina *ratio decidendi* ou os motivos determinantes do precedente e o "motivo determinante" do enunciado normativo da tese jurídica, o autor analisa como são aplicadas tais categorias em juízos posteriores pelo próprio Supremo Tribunal Federal.

Com base nessa distinção, sua tese enfatiza que tanto os precedentes quanto as teses jurídicas devem ser respeitados no âmbito judicial, pois são fontes do direito – embora tenham características e peculiaridades que permitem diferenciá-los, possuem finalidades que, em conjunto, se complementam.

Para a defesa de seu problema de pesquisa, o autor abre duas seções. Na primeira, destacando a influência das categorias do *common law*, delineia a evolução da outorga crescente de expansividade às decisões do Supremo, demonstrando o impacto das teorias interpretativas, cenário para as reformas legislativas. Na segunda seção, Jair

Sá Marocco faz acurada análise sobre o modo de deliberação da Corte, visando demonstrar o impacto da gestação da decisão no produto decisório, concluindo ao final pela convivência das teses jurídicas e dos precedentes judiciais, enquanto produtos judiciários.

O livro provoca profundas reflexões, debruçando-se sobre tema complexo com bastante desenvoltura, em abordagem profunda e linguagem fluida, que conduz o leitor à compreensão de um instituto de grande relevância para todos os operadores do direito.

Belém, 25 de abril de 2023.

Rosalina Moitta Pinto da Costa
Doutora pela PUC/SP
Professora da UFPA.

CAPÍTULO 1

INTRODUÇÃO

A tutela da segurança jurídica, da estabilidade e previsibilidade das decisões judiciais é preocupação de longa data de advogados, legisladores e operadores jurídicos. A ideia de que a igualdade deve ocorrer não apenas perante a lei, mas sobretudo perante a interpretação da lei, parece não mais encontrar opositores de peso atualmente. Consagrada a distinção (revolucionária, segundo Chiassoni[1]) entre texto e norma,[2] o eixo da preocupação desloca-se para a questão de que maneira a segurança jurídica pode ser efetivada e promovida diante das decisões judiciais, de modo que situações semelhantes tenham desfechos semelhantes, evitando-se, assim, a jurisprudência lotérica.

Para enfrentar essa questão, a doutrina do processo civil tem estudado precedentes judiciais, os quais, antes confinados nas discussões do direito constitucional, tornaram-se, recentemente, um dos principais temas do Código de Processo Civil brasileiro.

Termos não usuais no dia a dia dos juristas tornaram-se objetos de previsão do Código, tais como os "fundamentos determinantes", a distinção (ou *distinguishing*, como dito no modelo anglo-saxão), a superação de entendimento (*overruling*), dentre outros. Nesse contexto, questiona-se: em que medida essas modificações e impactos teriam o condão de alterar o funcionamento e a leitura das decisões judiciais dentro do nosso sistema judicial? O que seria o elemento "fundamento

---

[1] CHIASSONI, Perluigi. Disposición y norma: una distinción revolucionaria. *In*: POZZOLO, Susanna; ESCUDERO, Rafael (org.). *Disposición vs norma*. Lima: Palestra Editores, 2011. p. 07-17.
[2] Os pressupostos levados em conta sobre aspectos das teorias da interpretação judicial, do papel do judiciário como copartícipe do desenvolvimento do direito e da distinção entre interpretação *in abstracto* e *in concreto* foram objeto de considerações no Item 2.2.

determinante" de uma decisão? Haveria este elemento em súmulas ou na jurisprudência pacificada do tribunal?

Para responder a estas questões, o presente estudo busca apresentar um modelo teórico de vinculação a decisões superiores à luz do atual CPC, que alie a recepção das categorias do *common law* e, ao mesmo tempo, preserve e (re)valorize elementos de nossa tradição.

Partiu-se da hipótese que a recepção das técnicas do *common law* poderia conviver com as categorias tradicionais da jurisprudência e das súmulas, num modelo brasileiro de vinculação a decisões ou de expansividades das decisões judiciais do Supremo.

A novidade encontra-se na classificação do que se convencionou chamar "decisão-produto", a partir dos acórdãos do STF, a par da proposta de classificação de suas eficácias. É que, ao lado do precedente judicial (visto como decisão que contribui para o esclarecimento do direito vigente, uma vez preenchidos requisitos qualificados para tanto), outro produto judicial pode ser erigido e classificado, à luz das competências e *stilys iudicandi* da Corte Suprema, que é a tese jurídica.

Sendo o órgão de cúpula chamado a solucionar dúvidas do sistema jurídico ou da norma jurídica abstratamente considerada, independentemente de sua incidência em casos ou controvérsias específicas, é natural que de suas decisões se avaliem teses jurídicas de ordem geral. Mais do que isso, pode ser oportuna a emissão de teses de julgamento a partir de recursos extraordinários e em outras decisões de sua competência. Vale dizer: o papel das teses jurídicas, outrora evidente nas súmulas, alia-se aos demais procedimentos para o esclarecimento do alcance do direito vigente.

Foi o que se observou a partir do levantamento jurisprudencial realizado em diferentes procedimentos (controle concentrado, recursos extraordinários, súmulas etc.). Esse levantamento levou em conta tanto o modo como são gestados os acórdãos nos diferentes contextos procedimentais, como também o modo em que a Corte tem por violadas suas próprias decisões. Nesse ponto, erigiram-se como investigação, principalmente, os resultados das Reclamações constitucionais na Corte.

Mais do que a caracterização de um Tribunal de precedentes judiciais, como parte da doutrina tem apregoado, a dinâmica de atuação e o estilo das decisões do Supremo permitem visualizá-lo, também, como Tribunal de teses jurídicas. A partir dessas observações empíricas, o estudo propôs um modelo que alie os dois "produtos-judiciais" e suas expansividades aos demais juízos dentro do contexto brasileiro.

De grande importância no estudo foi a proposta de distinção[3] entre os elementos vinculantes no precedente judicial (sua *ratio decidendi* ou motivos determinantes) e na tese jurídica (que também possui "motivo determinante", que corresponde ao seu próprio enunciado normativo), e o modo como cada um desses produtos são aplicados em juízos posteriores pelo próprio Supremo. Apesar da distinção, tanto os precedentes como as teses jurídicas devem ser respeitados no âmbito judicial na medida em que ambos fazem parte, nesse ambiente teórico, do direito vigente, sendo, por isso, fontes do direito.

Dividiu-se o trabalho em duas seções: na primeira, examina-se o histórico da evolução da outorga crescente de expansividades às decisões do Supremo. Nessa etapa, destacaram-se a influência e o impacto das teorias interpretativas, bem assim o pano de fundo para as reformas legislativas. Ademais, foram pontuadas a influência das categorias do *common law* e a análise crítica da proposta do legislador para o novo CPC.

Na segunda seção, a preocupação foi com a demonstração da hipótese inicial, analisando-se o *iter* procedimental do acesso à Corte, da discussão até a proclamação do resultado da demanda. A maneira que a decisão é gestada tem impacto no produto decisório e em sua eficácia, daí por que um exame cauteloso foi feito sobre o modo de deliberação da Corte, de consideração dos argumentos expostos (contraditório) e de publicação da sentença. A partir desses marcos, propôs-se diferenciação entre os graus de eficácia e, como ressaltado, distinção entre os produtos judiciais – cada qual com características e peculiaridades que permitem diferenciá-los e que, em conjunto, possuem finalidades que se complementam.

O levantamento de dados, consistente em análise jurisprudencial a partir dos critérios justificados, encontra-se na parte final, no momento da análise das sentenças do Supremo a partir dos diferentes procedimentos de sua competência.

---

[3] Ver Item 3.2.

…

A EFICÁCIA EXPANSIVA DAS DECISÕES DO SUPREMO TRIBUNAL FEDERAL: ANTECEDENTES E O ESTADO ATUAL

2.1 Composição e competência do Supremo Tribunal Federal na estrutura organizacional-constitucional brasileira

Órgão de cúpula do Poder Judiciário, com sede na capital federal e jurisdição em todo o território nacional (art. 92, CF), o Supremo Tribunal Federal (STF) compõe-se de onze ministros, escolhidos dentre cidadãos de mais de trinta e cinco e menos de sessenta e cinco anos, de notável saber jurídico e reputação ilibada, nomeados pelo Presidente da República (art. 101, CF), cabendo-lhe a "guarda da Constituição" através de ampla competência, incluído o julgamento de ações abstratas de constitucionalidade, julgamento de infrações penais de autoridades, conflito entre entes federativos (art. 102, I, CF) e, em sede de recurso extraordinário (art. 102, II, CF), julgar as causas decididas em única ou última instância, quando a decisão recorrida: a) contrariar dispositivos da Constituição, b) declarar a inconstitucionalidade de tratado ou lei federal, julgar válida lei ou ato de governo local contestado em face da CF e c) julgar validade lei local contestada em face de lei federal.

As referidas competências incluem as funções clássicas de controle objetivo da constitucionalidade (europeu-kelseniano) e ações ordinárias e recursais de casos concretos, devendo, nesses casos, porque responsável pela guarda da constituição, operar o controle difuso de constitucionalidade (americano-marshalliano).

Estas competências, somadas ao pressuposto de que a atividade interpretativa judicial possui carga criativa (embora não se trate de puro subjetivismo, mas de atividade racional argumentativa que leva em conta as possibilidades interpretativas do texto), devem ser levadas em conta na estruturação de uma teoria acerca das funções e finalidades do tribunal, bem assim cotejadas à luz dos objetivos fundamentais da República erigidos pela Lei Maior (art. 3, CF).

2.2 A "guarda da Constituição" e a evolução de teorias da interpretação judicial: Judiciário como copartícipe do desenvolvimento do direito – Da interpretação *in abstracto* e da interpretação *in concreto*

A "guarda da Constituição", missão institucional que cabe ao STF (art. 102, CF, *caput*), representa o mais grave encargo dado a um tribunal judicial na estrutura organizacional brasileira. Sob essa rubrica, aponta-se a necessidade de que as normas constitucionais sejam objeto de proteção contra violações, o que repercute em duas frentes: sua rigorosa aplicação e a cassação ou anulação de sentenças ou atos que as contradigam, de modo que se respeitem a Lei Maior e sua normatividade.

Durante muito tempo, porém, a ideia de respeito à lei (art. 5, II, CF) e à Constituição baseava-se na norma legislada como única fonte de direitos e obrigações (proeminência da fonte legislativa) e, junto a isso, na correlata concepção da autonomia decisória dos juízes ao interpretá-las, sendo a jurisprudência não classificada, nesta visão, como fonte normativa. Até porque o direito, baseado em normas genéricas e abstratas, fruto da atividade do legislador, não poderia ser produzido pelo Judiciário.

Essa concepção reputa-se superada, pelo menos em sua versão estanque. No âmbito da interpretação jurídica, reputa-se hoje consagrada a distinção entre texto e norma, o primeiro visto como objeto sobre o qual recai a atividade interpretativa e o segundo, como resultado mesmo deste processo intelectual. Ora, sendo coisas distintas, não apenas o texto deve ser objeto de atenção, mas também a norma ou normas dele decorrentes.

Como explicita Kelsen, o problema da interpretação da lei é responder como se extrai da norma geral a resposta a uma situação de fato, correspondente, no mais das vezes, a uma sentença judicial; essa norma concreta (a decisão), portanto, tem seu conteúdo produzido (ou condicionado) pela norma geral de mais alto grau.[4] Kelsen admite que a norma executada "forma apenas uma moldura dentro da qual são apresentadas várias possibilidades de execução, de modo que todo ato é conforme a norma, desde que esteja dentro dessa moldura, preenchendo-a de algum sentido possível". Assim, entende a "interpretação" como a "verificação do sentido da norma a ser executada", atividade essa que se confunde com a "verificação da moldura", e, portanto, com "o reconhecimento de várias possibilidades que estão dentro dessa moldura".[5]

Desse modo, a teoria da moldura exposta por Kelsen deixa claro o espaço aberto de possibilidades ao intérprete, não havendo resposta única aos problemas interpretativos, possuindo, todas, o mesmo valor, desde que se encaixem dentro do suporte dessa mesma "moldura". Embora não se utilizem as categorias texto e norma (como resultado) enquanto elementos diversos, parece fora de dúvidas que o problema desta distinção foi bem exposto por esse autor.

Para Giorgio Pino, disposições são enunciados contidos em dado(s) texto(s) e que são idôneos para expressar significados normativos;[6] já as normas são significados normalmente reconduzíveis a enunciados de textos normativos. Tais normas, comumente, são resultados individualizados ou adscritos a uma ou várias disposições.[7] Se isso ocorre, tanto um quanto outro têm condições de existência e se prestam a usos diversos: usar uma disposição significa interpretá-la; usar uma norma, por sua vez, significa empregá-la numa argumentação jurídica.

Explicita Riccardo Guastini que uma das ideias na linguagem jurídica relacionada à interpretação diz respeito à atribuição de significado a um texto normativo, sendo possível, nesse sentido, distinguir-se entre: a) a interpretação *in abstracto*, referindo-se aqui à atividade de identificação do conteúdo de sentido expresso ou decorrente de um

---

[4] KELSEN, Hans. *Teoria pura do direito*: introdução à problemática científica do direito. Tradução de J. Cretella Jr. e Agnes Cretella. 5. ed. rev. São Paulo: Revista dos Tribunais, 2007, p. 113-124.
[5] KELSEN, 2007, p. 113-124.
[6] PINO, Giorgio. *Derechos e interpretación*: el razonamiento jurídico em el Estado constitucional. Tradução de Horacio Sánchez Pulido *et al*. 3. ed. Bogotá: Universidad Externado de Colombia, 2014. E-book.
[7] Como explicita o mesmo autor: *"desde este punto de vista, la individualización de una norma como significado de una disposición es un problema de tipo semántico, porque hace referencia a las reglas que establecen el significado de palabras y expresiones en un idioma, como por ejemplo las reglas definitorias y las relaciones de sinonimia aceptadas en la comunidad de referencia"* (Ibidem, Cap. 2).

texto (proveniente de fonte do direito, nomeadamente as disposições legislativas) e b) a interpretação *in concreto*, decorrente da subsunção da norma identificada ao caso específico. No primeiro caso, identificam-se ou esclarecem-se as normas em vigor, contribuindo-se para a diminuição da indeterminação do sistema jurídico; no outro, esclarecem-se os casos específicos regidos por dada norma, reduzindo-se a indeterminação de âmbito de aplicação.[8]

Como se vê, o direito pode ser visto como duplamente indeterminado, tanto no que diz respeito a seu sistema jurídico (as normas que pertencem ao ordenamento), como no referente às normas mesmas, na acepção de ser incerto o âmbito de aplicação dessas.

Pode-se acrescentar que o controle abstrato de constitucionalidade (kelseniano), isto é, aquele realizado sem que haja um caso concreto que lhe subjaz, normalmente resulta na redução da indeterminação do sistema jurídico, porquanto conclui que o texto cotejado (e parte de seus significados) compõe o ordenamento jurídico, embora, certamente, haverá casos práticos que a dúvida acerca de sua validade normativa permanecerá. De outro lado, o controle de constitucionalidade realizado por ocasião de um caso concreto (controle americano-marshalliano) reduz a indeterminação da norma relacionada a um caso prático, concluindo-se por sua aplicação ou não *in concreto*.[9]

Já Zagrebelsky e Marcenó aduzem a interpretação judicial como a procura da norma reguladora adequada tanto ao caso como ao ordenamento jurídico, uma atividade, uma *actio duplex*, que não descura do problema-caso e, bem assim, do direito vigente.[10]

---

[8] GUASTINI, Ricardo. Introducción a la teoría de la interpretación. In: POZZOLO, Susanna; ESCUDERO, Rafael (Eds.). *Disposición vs. Norma*. Lima: Palestra Editores, 2011. p. 13-29.

[9] Em sentido semelhante, anota Teori Zavascki: "no primeiro caso [refere-se ao controle difuso], a função jurisdicional é concebida como atividade destinada a atuar sobre o *suporte fático* e a *norma individualizada*, dirimindo controvérsias a respeito do surgimento ou não da relação jurídica, ou sobre a existência ou o modo de ser de direitos subjetivos, de deveres ou de prestações. No segundo, faz-se atuar a jurisdição com o objetivo de tutelar não direitos subjetivos, mas, sim, a própria ordem constitucional, o que se dá mediante solução de controvérsias a respeito da legitimidade da *norma jurídica abstratamente considerada*, independentemente de sua incidência em específicos suportes fáticos" (ZAVASCKI, Teori Albino. *Eficácia das sentenças na jurisdição constitucional*. 2. ed. São Paulo: Revista dos Tribunais, 2012, p. 53).

[10] ZAGREBELSKY, Gustavo; MARCENÓ, Valeria. *Giustizia costituzionale*. Bolonha: Il Mulino, 2012, p. 86.

Assim, a interpretação não pode ser vista como mera atividade cognoscitiva ou objetiva,[11] na acepção de que os textos já seriam dotados de significados inatos e que caberia ao intérprete apenas conhecê-los, visão que corresponde à figura de um juiz autômato, cuja função prescindiria de qualquer atividade valorativa e maiores esforços argumentativos.

Por outro lado, também não se justificam opiniões que sustentam que o direito é somente aquilo que os tribunais o dizem e que as normas gerais não limitam as suas atividades, posição essa defendida pela escola do realismo jurídico.

Por conseguinte, quando se fala em "lei", muitas vezes se quer dizer "normas jurídicas" ou textos legislativos dotados de normatividade. É, por exemplo, o caso do art. 5º, *caput*, da CF, ao aduzir "todos são iguais perante a lei".

Isso repercute sobremaneira quando se visualiza o fenômeno junto à Corte responsável pela "guarda da Constituição"; exatamente por isso, opina Marinoni, se a interpretação acaba por expressar o alcance do direito, a decisão da Corte Suprema passa a orientar a vida em sociedade e a guiar os juízes e tribunais subordinados, daí por que o significado destas decisões, enquanto autoridade que lhe outorga para cumprir essas funções, assume a qualidade de precedente jurídico.[12]

Assentadas essas premissas relacionadas à teoria da interpretação judicial, amplamente aceitas pela doutrina atual, conclui-se que não apenas o texto legal merece a "guarda" e a custódia pelo tribunal de cúpula, sendo também de importância levar-se em consideração as normas dele advindas, decorrentes de casos levados a julgamento – acórdãos, súmulas, jurisprudência e afins.

---

[11] Acerca dos tipos e concepções de interpretação jurídica, v. ABELLÁN, Maria Gáscon; FIGUEROA, J. Garcia. *La argumentación en el derecho*: algunas cuestiones fundamentales. Lima: Palestra Editores, 2015.

[12] MARINONI. Luiz Guilherme. *A Ética dos precedentes*. 4. ed. São Paulo: Thomson Reuters Brasil, 2019, Cap. II, Item 5. Sem embargo das explicitações acima, é importante desde já salientar a existência de posições chamadas dialógicas, que veem também nos outros poderes a tarefa de promover a segurança jurídica e a interpretação da Constituição, com a possibilidade, por exemplo, de o Legislativo superar precedentes firmados pela Suprema Corte. Nesse sentido, cf. PAIXÃO, Shayane do Socorro de Almeida da; SILVA, Sandoval Alves da; COSTA, Rosalina Motta Pinto da. A superação dos precedentes na teoria dos diálogos institucionais: análise do caso da Vaquejada. *Revista de Investigações Constitucionais*, Curitiba, v. 8, n. 1, p. 275-301, jan./abr., 2021. Disponível em: https://revistas.ufpr.br/rinc/article/view/71072. Acesso em: 12 jul. 2022.

2.3 Das modificações do direito positivo rumo à expansão da eficácia das decisões do STF: de Ruy Barbosa ao Novo CPC

Com consciência ou não dos pressupostos teóricos acima elencados, fato é que o legislador operou diversas modificações legais para dar maior eficácia às decisões do Supremo. Como informa Teori Zavascki, os primeiros passos podem ser remontados à Constituição de 1934, ao criar o instituto da suspensão, pelo Senado, da lei declarada inconstitucional pelo Supremo, medida "alternativa para atribuir força de *stare decisis* aos precedentes, universalizando os efeitos da declaração de inconstitucionalidade tomada em controle difuso".[13] Outro marco foi a Emenda Constitucional 16/1965, com o advento da representação de inconstitucionalidade, cujo resultado gozava de efeitos *erga omnes* no controle concentrado de normas.

Retornando-se mais no tempo, foi Ruy Barbosa um dos mais eloquentes defensores do Supremo e de suas competências e atribuições no início da República, amparado na tradição americana:

> [...] porquanto, sendo essa instituição, peculiar ao tipo federativo de origem americana, ou, segundo a teoria de Marshall, à natureza das constituições regidas, essa, a instituição pela qual o Supremo Tribunal Federal está de vela, na cúpula do Estado, a todo o edifício constitucional, sendo, torno a dizer, essa instituição, a todas as outras sobreeminente neste ponto de vista, a instituição equilibradora, por excelência, do regímen, a que mantém a ordem jurídica nas relações entre a União e os seus membros, entre os direitos individuais e os direitos do poder, entre os poderes constitucionais uns com os outros sendo esse o papel incomparável dessa instituição, a sua influência estabilizadora e reguladora influi, de um modo nem sempre visível, mas constante, profundo, universal na vida inteira do sistema. Nem ela sem ele, nem ele sem ela poderiam subsistir um momento [...]. A supremacia, contra a qual aqui se estão levantando agora os interesses políticos, a supremacia da justiça na solução das questões de constitucionalidade é grande característica do regímen e a sua garantia suprema.[14]

Acerca da nobre função relacionada às sentenças do tribunal, disserta, ainda, o jurista:

---

[13] ZAVASCKI, 2012, p. 37.
[14] BARBOSA, Rui. O Supremo Tribunal Federal na Constituição Brasileira. *In:* BARBOSA, Rui. *Trabalhos jurídicos*. Rio de Janeiro: Fundação Casa de Rui Barbosa, 1989. p. 223-255, passim. (Obras Completas de Rui Barbosa, v. 41, tomo 4, 1914).

Mas a justiça não pode ser esse dique sério, que se quer às exorbitâncias dos outros dois poderes, às suas correrias no território da inviolabilidade assegurado pela carta do regímen, aos direitos nela declarados, se esses dois poderes se não considerarem na obrigação mais estricta de ceder e recuar ante a justiça, quando promulgadas as suas supremas sentenças. Aqui não há meio termo. Ou tudo, ou nada. [...] O Supremo Tribunal, logo, sendo o juiz supremo e sem apelo na questão de saber se qualquer dos outros dois poderes excedeu à sua competência, é o último juiz, o juiz, sem recurso, na questão de saber se é, ou não político o caso controverso. [...] Mas, como quer que seja, e seja como for, senhores, o que não tem dúvida nenhuma, é que, as disposições constitucionais cujo texto faz do Supremo Tribunal Federal o juízo da última instância, nos pleitos onde arguirem de inconstitucionalidade atos presidenciais ou legislativos, esse tribunal é arbitro final dessas questões.[15]

Já sob a égide da atual Constituição, a primeira menção a efeito vinculante de decisões do Supremo ocorreu com a Emenda Constitucional nº 3, ao possibilitar este efeito nas decisões de mérito em Ação Declaratória de Constitucionalidade (ADC).[16] Algum tempo depois, a Ação Direta de Inconstitucionalidade (ADI) também passou a gozar de previsão legal do mesmo efeito, primeiro por meio da Lei nº 9.689/98; depois, na própria Constituição, a partir da EC 45/2004 e a redação alterada do art. 102, §2º.

Outra reforma constitucional de reforço à carga de eficácia de decisões do STF ocorreu com o advento da súmula vinculante pela EC nº 45, que acrescentou na CF o artigo seguinte:

Art. 103-A. O Supremo Tribunal Federal poderá, de ofício ou por provocação, mediante decisão de dois terços dos seus membros, após reiteradas decisões sobre matéria constitucional, aprovar súmula que, a partir de sua publicação na imprensa oficial, terá efeito vinculante em relação aos demais órgãos do Poder Judiciário e à administração pública direta e indireta, nas esferas federal, estadual e municipal, bem como proceder à sua revisão ou cancelamento, na forma estabelecida em lei.

Tais súmulas foram originalmente pensadas para outorgar comandos normativos e abstratos, a partir de soluções de casos concretos julgados pelo Supremo, já que o controle abstrato já gozava de efeitos gerais e vinculantes.

---

[15] Ibidem, passim.
[16] Sobre essa evolução histórica, cf. SCAFF, Fernando; MAUÉS, Antonio. *Justiça constitucional e tributação*. São Paulo: Dialética, 2005.

Por essa razão, opina Rodolfo Mancuso que as súmulas vinculantes representaram "potencialização da eficácia das súmulas [simples] do STF", as quais até então tinham força apenas persuasiva, cujo efeito vinculante "opera sobre a declaração do STF acerca da validade, interpretação e eficácia de normas determinadas, em matéria constitucional".[17] Esse efeito vinculante positivado na CF/88 tinha como consequência prática a possibilidade de acionamento do Supremo por reclamação constitucional na hipótese de descumprimento de seu comando.

Como assentado pelo próprio Supremo por ocasião da primeira Ação Declaratória de Constitucionalidade (ADC nº 1), do efeito vinculante tem-se como consequência a abertura da via da reclamação como meio apto a questionar a decisão destoante, a fim de garantir sua autoridade:

> De feito, se a eficácia *erga omnes* que também possuem suas decisões de mérito lhe dá a mesma eficácia que têm as decisões de méritos das ações diretas de inconstitucionalidade [...] do efeito vinculante que lhe é próprio resulta: a) se os demais órgãos do Poder Judiciário, nos casos concretos sob seu julgamento, não respeitarem a decisão prolatada nessa ação, a parte prejudicada poderá valer-se do instituto da Reclamação para o STF, a fim de que este garanta a autoridade dessa decisão e b) essa decisão (e isso se restringe ao dispositivo dela, não abrangendo – como sucede na Alemanha – os seus fundamentos determinantes [...] alcança os atos normativos de igual conteúdo daquele que deu origem a ela mas que não foi seu objeto, para o fim de, independentemente de nova ação, serem tido por constitucionais ou inconstitucionais, adstrita essa eficácia aos atos normativos emanados dos demais órgãos do Poder Judiciário e do Poder Legislativo [...].[18]

Quanto ao controle difuso de constitucionalidade, importante foi a criação de requisito recursal para o Recurso Extraordinário, consistente na repercussão geral das questões constitucionais nele discutidas, devendo a causa ser relevante do ponto de vista social, político, econômico ou jurídico (art. 102, §3º, CF). Ficaria claro, aqui, o intuito de limitar a enxurrada de recursos ao Tribunal de cúpula, delimitando sua competência por meio desse novo filtro constitucional; de igual maneira, o escopo da mudança também era a tutela da uniformização da interpretação constitucional.

---

[17] MANCUSO, Rodolfo de Camargo. *Divergência jurisprudencial e súmula vinculante*. 5. ed. São Paulo: Revista dos Tribunais, 2013, p. 423.
[18] ADC 1 DF. Relator: Min. Moreira Alves, Tribunal Pleno, julgado em 1º de dezembro de 1993.

Inclui-se nesse sumário o novo entendimento jurisprudencial dado à ação constitucional do Mandado de Injunção (MI), fundamentado no art. 5º, LXXI, da CF, cuja eficácia expansiva tem sido admita pelo Supremo,[19] embora classicamente vista como ação de cunho individual para a tutela contra a omissão inconstitucional. Mais recentemente, admitiu-se mesmo a criação de um novo tipo penal, relativamente a condutas caracterizadas por homofóbicas e transfóbicas (MI 4733) – nova norma penal incriminadora advinda de uma decisão judicial, que passa a compor o ordenamento jurídico,[20] sendo exemplo extremo da expansão de eficácia decisória do STF.

Do ponto de vista das reformas do Código de Processo Civil, e ao longo da vigência do revogado CPC de 1973, outra série de reformas foram efetuadas, todas com a nota comum de dar maior coerência e sistematicidade na vinculação decisória das decisões de cúpula e sua eficácia aos demais juízos, tutelando-se a segurança jurídica, previsibilidade e isonomia entre os jurisdicionados.

Sumariamente, podem-se citar, dentro das reformas do Processo Civil, as modificações dadas aos poderes do relator, que, pela dicção do art. 557, poderia, de antemão, negar seguimento a recurso manifestamente inadmissível, improcedente, prejudicado ou em confronto com súmula ou jurisprudência dominante do STF ou mesmo dar-lhe provimento. De igual modo, o juízo, na apreciação da apelação da parte, poderia não recebê-la quando a sentença estivesse em "conformidade com súmula do Supremo Tribunal Federal" (art. 581, §1º, CPC/73).

Outrossim, ressalta-se, também, a reforma da Lei 9.756/98, que, alterando o parágrafo único do art. 481, passou a prever que os órgãos fracionários dos tribunais não precisariam mais submeter "ao plenário, ou ao órgão especial, a arguição de inconstitucionalidade, quando já houver[sse] pronunciamento destes ou do plenário do Supremo

---

[19] Como exemplo, cite-se a decisão no MI 712 sobre o direito de greve, cuja regulamentação judicial da omissão teve eficácia *erga omnes* expressamente reconhecida. Cf. MI 712 PA. Relator: Min. Eros Grau, Tribunal Pleno, julgado em 25 de outubro de 2007.

[20] Até que sobrevenha lei emanada do Congresso Nacional destinada a implementar os mandados de criminalização definidos nos incisos XLI e XLII do art. 5º da Constituição da República, as condutas homofóbicas e transfóbicas, reais ou supostas, que envolvem aversão odiosa à orientação sexual ou à identidade de gênero de alguém, por traduzirem expressões de racismo, compreendido este em sua dimensão social, ajustam-se, por identidade de razão e mediante adequação típica, aos preceitos primários de incriminação definidos na Lei nº 7.716, de 08.01.1989, constituindo, também, na hipótese de homicídio doloso, circunstância que o qualifica, por configurar motivo torpe (Código Penal, art. 121, §2º, I, *in fine*). Nesse sentido, cf. MI 4733 DF. Relator: Min. Edson Fachin, Tribunal Pleno, julgado em 13 de junho de 2019.

Tribunal Federal sobre a questão". Por incrível que possa parecer, era comum que um caso de constitucionalidade anterior já decidido voltasse com frequência ao mesmo plenário toda vez que a discussão ressurgisse.

Essas e outras modificações legislativas narradas foram mantidas e aperfeiçoadas no CPC de 2015, sempre no sentido de prestigiar a expansão da eficácia das sentenças de órgãos judiciais de cúpula.[21]

Nesse particular, o novo Código previu: i) a possibilidade de concessão de tutela de evidência se as alegações de fato puderem ser comprovadas apenas documentalmente e existir tese firmada em julgamento de caso repetitivo ou em súmula vinculante (art. 311, inciso II); ii) o julgamento liminar de improcedência do pedido que contrariar enunciado de súmula do STF ou acórdão proferido pelo julgamento de recursos repetitivos (art. 332, I e II); iii) a não aplicação da remessa necessária em se tratando de sentença firmada com fundamento em súmula de tribunal superior, acórdão proferido pelo STF ou STJ em recursos repetitivos (art. 496, §4º, I e II); iv) a possibilidade de o relator negar provimento ao recurso monocraticamente quando esse for contrário a súmula do STF e STJ ou acórdão por esses firmados em sede de recursos repetitivos ou, da forma contrária, dar provimento ao recurso se esse estiver em consonância com entendimentos elencados antes (art. 932, IV e V), além de prever amplas hipóteses de utilização de reclamação, tais como garantia da observância de enunciado de súmula vinculante e de decisão do STF em controle concentrado de constitucionalidade, assim como de recursos extraordinários e especiais repetitivos após esgotamento de instâncias inferiores etc. (art. 988).

---

[21] Nesse sentido, bem conclui Henrique Mouta: "No decorrer dos últimos anos, vários institutos foram consagrados objetivando proporcionar maior efetividade e brevidade à prestação da tutela jurisdicional, tentando diminuir o *tempo de duração do processo, ampliar a estabilização da interpretação dos tribunais e fortalecer a jurisprudência*. Com o Código de Processo Civil de 2015, novos institutos são criados e outros aprimorados, visando atender a esta ideia de superação de obstáculos por meio da ampliação do caráter vinculante das decisões judiciais em processos repetitivos e com isso alcançar a efetiva e real duração razoável do processo (art. 5º, LXXVIII, da CF/1988 c/c art. 4º do CPC/2015) [...] Um dos objetivos traçados pelas últimas reformas do Código de Processo Civil de 1973 e do próprio Código de Processo Civil de 2015 gira em torno da ampliação do caráter vinculante dos precedentes judiciais, tentando, de um lado, atingir o poder de criação dos magistrados e, de outro, diminuir a divergência interpretativa e, consequentemente, o número de recursos em tramitação (especialmente nos casos de litigantes habituais)" [ARAÚJO, José Henrique Mouta. Os precedentes vinculantes e o novo CPC: o futuro da liberdade interpretativa e do processo de criação do direito. *In*: DIDIER JUNIOR, Fredie *et al.* (Coord.). *Precedentes*. Salvador: JusPodivm, 2016, p. 425-429. (Coleção Grandes temas do novo CPC, v. 3) (grifo nosso)].

Analisando a organização do código, anota Arruda Alvim que foram empregadas três frentes para o funcionamento da vinculatividade de decisões superiores: primeiro, internamente, ordenando-se aos tribunais o dever de manter suas jurisprudências uniformes, estáveis, íntegras e coerentes (art. 926); de outra parte, criando técnicas para a uniformização da jurisprudência, como a sistemática de recursos extraordinários repetitivos (arts. 1026 a 1041) e impondo obstáculos procedimentais ao curso de pretensões que contrariem as orientações firmadas pelos tribunais.[22]

Também relevantes foram as alterações previstas no dever de motivação judicial e no título "Da Ordem dos Processos e Dos Processos de Competência Originária dos Tribunais". Nos termos do art. 489, considera-se não fundamentada "qualquer decisão judicial" que "se limitar a invocar precedente ou enunciado de súmula, sem identificar seus fundamentos determinantes nem demonstrar que o caso sob julgamento se ajusta àqueles fundamentos" (inciso V); ou ainda: "deixar de seguir enunciado de súmula, jurisprudência ou precedente invocado pela parte, sem demonstrar a existência de distinção no caso em julgamento ou a superação do entendimento" (inciso VI).

Adiante, o art. 926 determina que "os tribunais devem uniformizar sua jurisprudência e mantê-la estável, íntegra e coerente", num claro sinal de que, internamente, quer-se evitar e repudia-se a dispersão jurisprudencial excessiva.

Já o art. 927 estabelece que "juízes e tribunais observarão" as decisões do Supremo quando: a) ocorridas em controle concentrado de constitucionalidade (inciso I); b) decorrentes de enunciados de súmula vinculante (inciso II); c) os acórdãos exarados em julgamento de recurso extraordinário repetitivo (inciso III); d) os enunciados de súmula simples em matéria constitucional (inciso IV). A novidade consiste nas duas últimas hipóteses (c e d), vez que as primeiras situações já possuíam previsão da Constituição (art. 102, §2º e art. 103-A).

Ante o exposto, e do ponto de vista das ciências jurídicas, se antes a discussão da eficácia das decisões do Supremo era objeto de preocupação quase que restrita à doutrina constitucional (não por acaso, viu-se, primeiramente, as reformas da Constituição nesse sentido), verifica-se, com o passar dos anos, que o direito processual civil passou a abordá-la. Chama-se a atenção, nesse aspecto, à importante obra que

---

[22] ALVIM, Arruda. *Novo Contencioso cível no CPC 2015*. São Paulo: Revista dos Tribunais, 2016.

catapultou os discursos nessa disciplina, a partir das lições do Professor Luiz Guilherme Marinoni, do Paraná, na obra *Precedentes Obrigatórios*, de 2010.[23]

2.4 Do pano de fundo para as reformas: dispersão jurisprudencial excessiva, crise numérica no STF, tutela da segurança jurídica, da igualdade e da uniformidade

Ante a movimentação do legislador, o pano de fundo comum às reformas reside na tutela da uniformidade interpretativa, a necessidade de que casos semelhantes tenham igual solução, de modo a materializar a essência do *stare decisis*, e, com isso, maior conhecimento do direito, considerado, como visto, duplamente indeterminado.[24]

Os aspectos críticos das opções legislativas serão feitos adiante; por ora, convém a conclusão parcial de que as modificações mais profundas do novo CPC residiram na previsão de um sistema de vinculação a decisões superiores e o aperfeiçoamento da regulamentação do dever de fundamentação judicial.

Com efeito, nosso país, filiado à tradição do *civil law*, nunca visualizou os precedentes com a importância e vinculação que, culturalmente, empregam-na os sistemas de *common law*.

Além da tomada de consciência acerca do fenômeno interpretativo, nomeadamente que texto e norma distinguem-se, podem ser elencados outros fatores de tomo, como a excessiva dispersão jurisprudencial, que, dentre outros motivos, é influenciada pelo "demandismo judiciário exacerbado", nas palavras de Rodolfo Mancuso.[25] Entende o jurista, ainda, que essa profusão de demandas é muitas vezes "insuflada" pela a produção legislativa desenfreada, "que desnorteia os destinatários da norma e desorienta os operadores do Direito incumbidos de aplicá-la", e também pela leitura equivocada do princípio de acesso à justiça (art. 5º, XXXV, CF), "levando a se extrair [...] mais do que nela se contém, resultando num estimulo à judicialização massiva, praticamente convertendo o direito de ação em *dever de ação*, em detrimento de outros meios auto e heterocompositivos de solução de conflitos".[26]

---

[23] MARINONI, Luiz Guilherme. *Precedentes obrigatórios*. São Paulo: Revista dos Tribunais, 2010.
[24] V. Item 2.2.
[25] MANCUSO, Rodolfo de Camargo. *Incidente de resolução de demandas repetitivas*: a luta contra a dispersão jurisprudencial excessiva. São Paulo: Revista dos Tribunais, 2016, p. 14.
[26] Ibidem, p. 14.

A mencionada divergência jurisprudencial é, até certo ponto, inevitável, na medida em que as leis são dotadas, frequentemente, de normas de conteúdo aberto e indeterminado, "verdadeiros cheques em branco que o legislador passa ao exegeta e ao aplicador – como ocorre com a expressão patrimônio cultural (CF, art. 216), ou moralidade administrativa (CF, art. 5º, LXXIII)",[27] além dos conceitos tidos por vagos ou indeterminados.

Em outra oportunidade, consignou-se que mesmo os princípios contribuem para esse fenômeno, ao angariarem aos juízes maiores poderes interpretativos, já que "consagrada a normatividade dos princípios e sua aplicabilidade direta, resulta daí mais evidente o poder criativo dos juízes", sendo certo que "o juiz deve interpretar a lei conforme a Constituição e essa é composta essencialmente por princípios".[28]

Porém, a divergência jurisprudencial deixa de ser aceitável para transbordar para o nível da patologia quando se constata a "ausência de fatores que poderiam justificá-la", exemplificando o mesmo Mancuso: "a defasagem da norma em face da alteração de suas originárias fontes substanciais; a superveniência de direito novo; o advento de exegese jurídica em muito superior à precedentemente assentada".[29] Por sua vez, dentro desse mesmo fenômeno da dispersão excessiva, reside uma de suas facetas nefastas, que consiste na alteração e guinada de entendimentos jurisprudenciais que não se justificam sob o ponto de vista de seu contexto histórico e social.[30]

Outro ponto que se liga às reformas reside na crise numérica do Supremo; vale dizer, para além da necessidade de conferir efeito expansivo às decisões da Corte, por questões de tutela da isonomia e promoção da segurança, as reformas tiveram o condão de racionalização do trabalho judicante – o que se evidencia quando se analisam institutos como o Recurso Extraordinário Repetitivo, pelo qual se escolhem dois ou mais recursos "representativos da controvérsia" jurídica para afetação e remessa ao Supremo, selecionando-se, portanto, por amostragem, referida ação (art. 1036, CPC).

---

[27] MANCUSO, 2013, p. 169.
[28] MAROCCO, Jair Sá. O STF como Corte interpretativa: criação do direito no plano constitucional e no plano legal. *Revista de Processo*, São Paulo, v. 41, n. 260, out. 2016.
[29] MANCUSO, 2013, p. 180.
[30] Sobre o mesmo tema, v. ALVIM, Eduardo Arruda; CARVALHO, Vinícius Bellato Ribeiro de. Precedentes formados no julgamento de recursos repetitivos como instrumento de mitigação da crise do judiciário e da dispersão jurisprudencial. *Revista de Processo*, São Paulo, ano 44, v. 295, p. 299-329, set. 2019.

Nesse aspecto, ressalta Mouta que:

> É dever afirmar que uma das tentativas de superação da crise de tempestividade da tutela jurisdicional é a ampliação do caráter vinculante do precedente, em todos os graus de jurisdição, fazendo com que a causas repetitivas tenham solução isonômica e com maior brevidade.[31]

O desequilíbrio entre demanda e capacidade de resposta judicial sempre assolou a Suprema Corte. Em estudo referente ao ano de 2016, primeiro em que passou a vigorar o CPC, o número de processos novos ingressados foi de 89.959, enquanto os baixados corresponderam a 85.980.[32] Trata-se de dado histórico e que vem se repetindo, com maior ou menor intensidade, ao longo de décadas.

Daí por que deve ser elencado como pressuposto também das referidas reformas a exequibilidade do cumprimento de suas demandas, uma vez que, como ressaltado,[33] a Corte Maior brasileira dispõe de um amálgama de funções, incluindo competências originárias e recursais, cíveis, criminais, de controle objetivo e interpretativo de normas, crimes políticos etc. (art. 102, CF). Por ano, milhares de processos novos ingressam no STF: em 2009, foram 63.732; em 2010, 74.803; em 2011, 63.628; em 2012, 73.490; em 2013, 72.098; em 2014, 80.029; em 2015, 93.557; e, no ano 2016, 89.959.[34]

O aspecto quantitativo chama a atenção, sendo mais do que necessário fórmulas processuais para o melhor equacionamento do ponto, de tal modo que se leve em conta, também, a duração razoável do processo (art. 5º, LXXVIII, CF e art. 4º do CPC).

2.5 Aproximação ao modelo do *common law*?

No sistema de *common law*, explicam Ugo Mattei e Emmanuele Ariana, a prática do *stare decisis* consiste na obrigação que o juízo sucessivo tem de não se afastar de precedentes firmados, embora esses

---

[31] ARAÚJO, José Henrique Mouta. Os precedentes vinculantes e o novo CPC: o futuro da liberdade interpretativa e do processo de criação do direito. In: DIDIER JUNIOR, Fredie et al. (Coord.). *Precedentes*. Salvador: JusPodivm, 2016, p. 430. (Coleção Grandes temas do novo CPC, v. 3).

[32] BRASIL. Conselho Nacional de Justiça. *Supremo em Ação 2017*: ano-base 2016. Brasília, DF: CNJ, 2017a. Disponível em: https://www.cnj.jus.br/wp-content/uploads/2017/06/f8bcd6f3390e723534ace4f7b81b9a2a.pdf. Acesso em: 16 jul. 2022.

[33] V. Item 2.1

[34] BRASIL, op. cit.

possam ser considerados equivocados ou mesmo injustos. Não obstante, não se pode afirmar que a orientação de seguir precedentes judiciais seja desconhecida na tradição do *civil law*; trata-se de princípio de justiça comum a ambas as famílias, explicando, ainda, os autores que, na busca à certeza do direito, os países continentais cultivaram a "ilusão" de que a codificação legal e a aplicação mecânica das leis pelo juiz fossem capazes de outorgar uma sociedade sob a égide da organização *sub lege* e não *sub homine*.[35]

Sob esse aspecto, o Brasil esteia-se como país filiado à família do *civil law*, sendo fonte primordial do direito, a lei, e, com isso, comum a existência das codificações legais. Assim, somente em caso de omissão da lei "o juiz decidirá de acordo com a analogia, os costumes e os princípios gerais de direito".[36] Nesse contexto, a jurisprudência, por mais reiterada que fosse, sempre foi vista como fonte normativa indireta.

No entanto, parece claro haver uma aproximação entra as duas tradições jurídicas, máxime após a promulgação do CPC. Adverte-se, porém, que não é correto afirmar que o país passou a filiar-se ao sistema do *common law*, com suas características e a proeminência dada ao precedente na função jurisdicional. Como expõe Rodolfo Mancuso, "cabe evitar essas dicotomias radicais, em prol de um ambiente de aproximação e de mútuo aproveitamento entre as experiências".[37]

Sobre o ponto, explica Zeno Veloso que, tanto na Inglaterra como nos EUA, expoentes do desenvolvimento do *common law*, "está havendo um grande desenvolvimento do direito escrito, relativizando a importância dos precedentes judiciais", inclusive com o desenvolvimento de codificações parciais (*consolidations*) e mesmo súmulas da jurisprudência em *restatements* oficiosos, ao passo que nos países do *civil law* "a jurisprudência vem ganhando espaço e importância; cada vez mais, os precedentes judiciais são vinculantes", de tal modo que, conclui, "estamos chegando a um meio termo, a um ponto de aproximação e equilíbrio".[38]

Por outro lado, e como lembra parcela da doutrina, não se pode ignorar a fundamental influência do direito do Império e do direito luso anterior, que valorizavam sobremaneira a jurisprudência e os

---

[35] MATTEI, Ugo; ARIANA, Emmanuele. *Il Modelo Di Common Law*. 4. ed. Torino: Giappichelli Editore, 2014, p. 147-148.
[36] Cf. VELOSO, Zeno. *Comentários à Lei de Introdução ao Código Civil*. Belém, PA: Unama, 2006.
[37] MANCUSO, Rodolfo de Camargo. *Sistema brasileiro de precedentes*: natureza, eficácia, operacionalidade. 2. ed. São Paulo: Revista dos Tribunais, 2016, p. 77.
[38] VELOSO, op. cit., p. 112-113.

precedentes mais do que se costuma supor, destacando-se a figura dos assentos, hoje sob a roupagem das súmulas.[39]

De fato, as Ordenações Filipinas (1603) normatizaram a figura dos Assentos da Casa de Suplicação (Livro I, título V, §5º), que visavam fixar a inteligência da lei a partir de julgados. Estes assentos eram anotados em livro próprio, para depois não "vir em dúvida". No Brasil colônia, as ditas ordenações projetaram efeito e, por meio do Decreto Legislativo 2.684/1875, foram recepcionadas de forma expressa no Brasil Imperial, autorizando seu uso pelo Supremo Tribunal de Justiça. Sua história no país encerra-se com o advento da República, tendo-se extinguida a competência do STF para baixar assentos, embora tenha havido tentativa de ressuscitá-los no anteprojeto do CPC de Alfredo Buzaid.[40]

A discussão parece residir na questão de por que nosso sistema judicial nunca levou a sério a ideia que caracteriza o *stare decisis*, que, em substância, materializa o princípio da igualdade perante a jurisdição. Esse questionamento chama a atenção pelo fato de o controle difuso de constitucionalidade ser uma realidade desde a Constituição da República de 1891, com clara influência do direito americano[41] e que, não obstante, não "importou" com ele esse princípio legal. Como leciona Mauro Cappelletti, citado por Zeno Veloso, há inconvenientes práticos nessa situação:

> podendo ocorrer de uma mesma lei ou disposição de lei não ser aplicada, porque julgada inconstitucional, por alguns juízes, enquanto poderia, ao invés, ser aplicada, porque não julgada em contraste com a Constituição, por outros, formando-se verdadeiros 'contrastes de tendências' entre órgãos judiciários de diverso grau [...] tão graves inconvenientes práticos, com séries consequências de conflito e de incerteza, poderiam ser evitados, como foi feito na Suíça, atribuindo-se ao órgão supremo da justiça ordinária um poder de decisão que é suscetível de se estender,

---

[39] DIDIER JUNIOR, Fredie; SOUZA, Marcus. O respeito aos precedentes como diretriz histórica do direito brasileiro. *Revista de Processo Comparado*, São Paulo, ano 1, v. 2, p. 99-120, jul./dez. 2015.

[40] Acerca dessa evolução histórica: MANCUSO, 2013, p. 230-252. Cf. ainda ASSIS, Araken de. Dos assentos aos precedentes e sua inconstitucionalidade. *Revista de Direito Processual Civil*, [S.l.], v. 2, n. 1, p. 6-24, jan./jun. 2020.

[41] Como lembra Araken de Assis: "É tão intensa e marcante a influência norte-americana, nos albores da República, que o esquecido art. 386, segunda parte, do Decreto 848/1890, admitiu como fonte subsidiária do direito pátrio, em caso de lacuna, 'os estatutos dos povos cultos e especialmente os que regem as relações jurídicas da República dos Estados Unidos da América do Norte, os casos de *common law* e *equity*', no respeitante à jurisprudência e ao processo federais" (Ibidem, p. 15-16).

também, além do caso concreto e de anular, com eficácia *erga omnes*, a lei declara inconstitucional.[42]

Ainda nesse sentido são oportunas as ponderações de Marinoni:

> Porém, quando se "descobriu" que a lei é interpretada de diversas formas, e, mais visivelmente, que os juízes do *civil law* rotineiramente decidem de diferentes modos os "casos iguais", curiosamente não se abandonou a suposição de que a lei é suficiente para garantir a segurança jurídica. Ora, ao se tornar incontestável que a lei é interpretada de diversas formas, fazendo surgir distintas decisões para casos iguais, deveria ter surgido, ao menos em sede doutrinária, a lógica e inafastável conclusão de que a segurança jurídica apenas pode ser garantida frisando-se a igualdade perante as decisões judiciais, e, assim estabelecendo-se o dever judicial de respeito aos precedentes.[43]

No caso do Brasil, e como visto acima, foi sobretudo por modificações legislativas que ocorreu a consagração, no plano processual, do *stare decisis*, sobretudo a partir do atual CPC (arts. 926, 927 e correlatos). Essa aproximação tem operado enormes desafios para o sistema de justiça brasileiro, e esse problema é um ponto chave neste estudo.

Isso porque, em um modelo baseado na força do precedente, como acontece na tradição anglo-americana, o *case law* é dissecado de tal modo que da decisão é possível extrair-se, no mais das vezes, a *holding* ou sua *ratio decidendi*, consistindo essa na solução da questão levada a juízo, uma "regra (*rule*), a qual constitui um princípio geral a ser aplicado em casos futuros",[44] além de outros elementos como a *dicta*, a *rationale* etc., tudo a partir dos fatos materiais do caso.

As categorias da sentença, portanto, passam a ter maior relevância nesse ambiente teórico, não apenas importando o seu dispositivo com a ordem concreta ou a coisa julgada firmada, mas, e sobretudo, a *ratio* emanada, a eficácia expansiva da solução efetuada e a vinculação de seus efeitos.

De certa forma, há muito já havia preocupação acerca do alcance das decisões do Supremo, principalmente nas sentenças interpretativas – sentença que, mantendo intacto o texto objeto de questionamento, fixa,

---

[42] VELOSO, Zeno. *Controle Jurisdicional de constitucionalidade*. 3. ed. Belo Horizonte: Del Rey, 2003, p. 50.
[43] MARINONI, 2010, p. 100-101.
[44] FINE, Toni M. *Introdução ao sistema jurídico anglo-americano*. Tradução de Eduardo Saldanha. São Paulo: WMF Martins Fontes, 2011, p. 74.

normativamente, o alcance do direito interpretado, como acontece na técnica da interpretação conforme a Constituição ou na declaração de nulidade sem redução de texto.

Nestas situações, o raciocínio judicial trabalha com as consequências da norma, visando compatibilizá-las com a Constituição. O desenvolvimento da fundamentação, portanto, se aproxima do modelo existente no *common law*, na medida em que importa não o resultado concreto da demanda, mas sim a construção lógica que leva a conclusão do *decisum*.

Dessa forma, o incremento e uso das sentenças interpretativas chamaram a atenção à necessidade de aproximação dos sistemas, de modo que as técnicas consagradas no *common law* passassem a servir de paradigma para os problemas práticos enfrentados pelos juristas do *civil law*. Essa situação constituiu, pois, em um "ponto de encontro", em dados aspectos, entre os dois sistemas.

Ao analisar o processo de hibridização entre os sistemas americano e europeu, anotou Francisco Segado:

> El horror vacui *del Juez constitucional se ha traducido en la voluntad de éste de compaginar la provocación de una suerte de* big bang *de los valores constitucionales, facilitando su penetración en todas las ramas del ordenamiento jurídico, con el soslayamiento de la creación simultánea de agujeros negros en el propio orden jurídico. Ello ha conducido a las sentencias interpretativas, que, como subraya* **Crisafulli**, *"sono nate da un'esigenza pratica, e non da astratte elucubrazioni teoriche". Y esa exigencia práctica es, precisamente, la de evitar vacíos (vuoti) en el ordenamiento. Si a ello se añade la aplicación del principio de conservación de los actos jurídicos (en íntima relación con la exigencia práctica precedente), que a su vez casa a la perfección con el de seguridad jurídica, y el hecho de que algunos Tribunales Constitucionales han utilizado este tipo de sentencias para tratar de dar una doble interacción interpretativa a las normas constitucionales y a las legislativas, ensamblándolas de modo dinámico, se puede comprender la gran expansión que este tipo de sentencias ha tenido. Tales sentencias han terminado, en la práctica, por dar lugar a la eficacia del precedente en términos semejantes a como sucede en el modelo norteamericano.*[45]

---

[45] FERNÁNDEZ SEGADO, Francisco. La obsolescencia de la bipolaridad tradicional (modelo americano – modelo europeo-kelseniano) de los sistemas de Justicia Constitucional. *Direito Público*, Porto Alegre, ano 1, n. 2, p. 55-82, out./dez. 2003 (grifo nosso).

De qualquer forma, é necessário perquirir se as modificações e reformas citadas caminham em efetivo para uma aproximação ao modelo do *common law* ou se, ao contrário, caminham para um modelo próprio, voltado também à pacificação interpretativa, mas consistente na outorga de teses jurídicas pelo Tribunais Superiores – o que, como adiante se verá, não é o mesmo que afirmar que se trata de um sistema de precedentes tal como existente nos países da tradição do *common law*.

É que se distinguem, do ponto de vista lógico, as teses jurídicas dos precedentes judiciais, tratando-se este ponto em uma das principais conclusões do trabalho; assim, enquanto produto judicial da sentença, vislumbra-se a distinção entre tese jurídica e o precedente judicial, conclusão essa que se deduz tanto da observação do atual estado das coisas quanto da influência histórica de institutos consagrados, como as súmulas no direito brasileiro.

2.6 Os artigos 926 e 927 do CPC e normas correlatas: o coroamento do *stare decisis* no direito brasileiro e alguns apontamentos críticos

O novo CPC coroa todas as reformas pretéritas e consagra importante posição diante da ideia de efetivação do *stare decisis* no sistema judiciário nacional.

Em artigo especialmente direcionado aos tribunais recursais e de cúpula, expõe-se que "os tribunais devem uniformizar sua jurisprudência e mantê-la estável, íntegra e coerente" (art. 926), numa clara diretriz que a dispersão jurisprudencial deve ser evitada e a uniformidade perseguida.

A estabilidade e coerência da jurisprudência contam com normas correlatas, também no CPC, destacando-se a possibilidade de convocação de audiência pública e participação de terceiros (*amicus curiae*) para a rediscussão da tese jurídica que vier a ser alterada (art. 927, §2º), o sobrestamento de recursos extraordinários repetitivos com a mesma questão de direito afetada para avaliação nessa sistemática (art. 1036) e, igualmente, a reclamação para preservação da competência do Tribunal nas hipóteses do art. 988.

O que está em jogo na jurisdição constitucional da Suprema Corte é a própria continuidade do valor constitucional, explica Zagrebelsky, daí por que nunca se deve partir do zero, mas sim respeitar o valor atribuído ao precedente, sob pena de voluntarismo puro, vez que a razão jurídica se encontra "*radicada en los textos constitucionales y elaborada en el curso de los años por la jurisprudencia*".[46]

De sua vez, e deixando claro o dever de os juízes e tribunais seguirem orientação de tribunais superiores, o art. 927 do CPC previu:

> Art. 927. Os juízes e os tribunais observarão:
> I – as decisões do Supremo Tribunal Federal em controle concentrado de constitucionalidade;
> II – os enunciados de súmula vinculante;
> III – os acórdãos em incidente de assunção de competência ou de resolução de demandas repetitivas e em julgamento de recursos extraordinário e especial repetitivos;
> IV – os enunciados das súmulas do Supremo Tribunal Federal em matéria constitucional e do Superior Tribunal de Justiça em matéria infraconstitucional;
> V – a orientação do plenário ou do órgão especial aos quais estiverem vinculados.

Trata-se das maiores inovações do CPC, que, junto com o dever de motivação judicial (art. 489, CPC), privilegia o direito judicial como fonte privilegiada do direito.

Importa analisar o dispositivo à luz da competência do Supremo, delimitação deste estudo. Veja-se que a obrigação de seguir as decisões previstas no inciso I, resultantes de controle concentrado de constitucionalidade, e inciso II, enunciados de súmula vinculante, nada mais é do que reprodução do comando constitucional (art. 102, §2º e 103-A da CF). A novidade do CPC, portanto, reside nos incisos seguintes, que também previu o dever de observância de julgamentos de recursos extraordinários repetitivos (III) e as súmulas em geral de matéria constitucional (IV).

Esse dispositivo consagra, no plano processual, o dever de vinculação vertical, algo assemelhado ao *stare decisis* vertical, correspondente à obrigação de juízes de hierarquia inferior valerem-se, necessariamente, das conclusões emanadas de tribunais de superior instância. Isso se deduz a partir do *caput* que, ao usar do verbo "observarão", emana ordem compulsória no sentido de que estas decisões sejam obrigatoriamente seguidas, a não ser que o caso concreto seja diverso.

---

[46] ZAGREBELSKY, Gustavo. *Principios y votos*. El Tribunal Constitucional y la política. Madri: Trotta, 2008, p. 73.

Não obstante, o ponto ainda gera enormes controvérsias na doutrina. Em que medida estas decisões se mostram obrigatórias aos demais juízes? A que elementos da sentença constitucional dizem respeito? Esta norma consagrou o que vem se chamando sistema brasileiro de vinculação a precedentes? São algumas das perguntas debatidas sobre o tema.

Nery e Nery aduzem, ao referirem que somente os incisos I e II possuem correspondência constitucional, que o desiderato do art. 927 do CPC:

> [...] Para ser efetivo, necessita[ria] de autorização prévia da CF. Como não houve modificação na CF para propiciar ao Judiciário legislar, como não se obedeceu ao devido processo legal, não se pode afirmar a legitimidade desse instituto.[47]

Nessa esteira, o artigo seria inconstitucional se lido como pretensão de vinculação dos padrões decisórios lá previstos. Os autores argumentam, ainda, que para isso ser possível, somente uma "reforma constitucional que confira ao Poder Judiciário poder para *legislar* nessa magnitude que o CPC, sem cerimônia, quis lhe conceder", chegando a sugerir que juízes e tribunais façam o controle difuso de constitucionalidade do dispositivo em tela.[48]

Ainda para os autores, a CF não autorizaria o STF e demais tribunais superiores a fixarem teses, pois esses seriam tribunais de casos concretos, e não de leis, daí a inconstitucionalidade caso se interprete o artigo como instituto de vinculação a padrão decisório. Para o Supremo, somente a súmula vinculante pode vincular teses, fundamentada em autorização constitucional própria (art. 103-A, CF), sendo que a conveniência de se admitir um tribunal de teses apenas pode ser feita de *constitutione ferenda*, mas não de *constitutione lata* – vale dizer, apenas uma reforma constitucional expressa nesse sentido.[49]

Georges Abboud, escrevendo acerca das reformas constitucionais que outorgaram eficácia vinculante a pronunciamentos do Supremo, bem assim das modificações no CPC, aduz que há "verdadeira fetichização, por parte de nossa doutrina, em relação ao *common law*, de modo que diversas reformas legislativas ou teorias são justificadas

---

[47] NERY, Nelson; NERY, Rosa Maria. *Código de Processo Civil Comentado*. 6. ed. São Paulo: Thomson Reuters Brasil, 2021, p. RL-1.182.
[48] Ibidem, p. RL-1.182.
[49] Ibidem, p. RL-1.182.

sob o argumento de que elas seria dele oriundas" e que isso colocaria em risco de supressão "verdadeiros direitos e garantias fundamentais do cidadão, na medida em que ignoram a flexibilidade ínsita ao sistema de precedente do *common law*".[50]

Em razão de aspectos históricos distintos das tradições jurídicas dos países do *common law* em contraposição ao nosso sistema, o autor opina que "a jurisprudência dotada de efeito vinculante, nos termos dos arts. 543-B e 543-C [aqui, refere-se ao antigo CPC] e art. 927 do CPC/2015, não pode ser considerada precedente no sentido estrito do termo", uma vez que "sua construção não é histórica, [mas sim] foi imposta mediante alteração legislativa motivada na redução da velocidade de processos".[51] Segue aduzindo que, nesses casos:

> A decisão dotada de efeito vinculante [...] almeja constituir-se como a regra decisória de uma multiplicidade de casos concretos, ou seja, como se viesse a norma pronta e acabada que pudesse substituir-se às alegações das partes, à fundamentação e a problematização decisional, de modo que se tornaria despiciendo que o magistrado ou os tribunais precisassem socorrer-se à interpretação da lei da Constituição [...].[52]

Opina, ainda, haver supostos riscos para a democracia na substituição do "juiz-boca-da-lei" pelo "juiz-boca-da-súmula-ou-de-qualquer provimento-vinculante".[53]

Este estudo não acata essas críticas.

Quanto à suposta substituição do juiz autômato para o juiz--boca-da-súmula ou de provimento vinculante, o CPC se preocupou com referidos pontos; bem se vê que a aplicação de um precedente ou de um enunciado sumular envolve extrema cautela por parte do órgão julgador, já que "não se considera fundamentada qualquer decisão judicial, seja ela interlocutória, sentença ou acordão" (art. 481, §1º) que "não enfrentar todos os argumentos deduzidos no processo capazes de, em tese, infirmar a conclusão adotada pelo julgador" (inc. IV) ou

---

[50] ABBOUD, George. *Processo Constitucional Brasileiro*. São Paulo: Revista dos Tribunais, 2016, p. 558.
[51] Ibidem, p. 567.
[52] Ibidem, p. 569.
[53] Em sentido semelhante são as críticas de Lênio Streck, ao afirmar que querem "transformar nosso direito em um 'sistema' de precedentes e teses, sem respaldo constitucional" (STRECK, Lênio Luiz. Por que commonlistas brasileiros querem proibir juízes de interpretar? *Consultor Jurídico*, São Paulo, 22 set. 2016. Disponível em: https://www.conjur.com.br/2016-set-22/senso-incomum-commonlistas-brasileiros-proibir-juizes-interpretar. Acesso em: 16 jul. 2022).

se "se limitar a invocar precedente ou enunciado de súmula, sem identificar seus fundamentos determinantes nem demonstrar que o caso sob julgamento se ajusta àqueles fundamentos" (inc. V), e, ainda, "deixar de seguir enunciado de súmula, jurisprudência ou precedente invocado pela parte, sem demonstrar a existência de distinção no caso em julgamento ou a superação do entendimento" (inc. VI).

Não se trata, portanto, de aplicação mecânica que prescinde de qualquer interpretação da lei e do caso, mas antes uma análise pormenorizada levando-se em conta tanto o precedente, o preceito da súmula, como a legislação, havendo, ainda, sistematização coerente por parte do legislador de modo a resguardar a segurança jurídica e o direito à igualdade perante a interpretação, impondo aos juízes um dever de fundamentação ampla e analítica.

Tampouco é correto dizer que as alterações feitas não poderiam ser objeto de proposição legislativa e deixar as coisas como estão porque não tivemos uma história de desenvolvimento tal qual existente no *common law*, valendo-se, nesse particular, transcreverem-se as lições de Cândido Dinamarco e Bruno Carrilho Lopes:

> A inclusão ou não inclusão da jurisprudência entre as fontes do direito processual civil constitui uma resultante do que a respeito dispuserem a Constituição e a lei de determinado país em determinado momento, não sendo viável uma tomada de posição a respeito dessa tormentosa polêmica com caráter de generalidade e sub *specie aeternitatis*. […] Há algum tempo vem sendo questionada a divisão em compartimentos estanques entre os sistemas jurídicos da *common law* e da *civil law* […] são crescentes nos países de *civil law* o prestígio e a força da jurisprudência, enquanto na *common law* as leis crescem em número e adquirem maior relevância – relativizando-se com isso as tradicionais e notórias diferenças entre esses dois sistemas. O ordenamento jurídico brasileiro sempre foi tratado como um típico ordenamento jurídico de *civil law*, em que a jurisprudência não constitui fonte do direito, mas essa é uma afirmação que, dada a evolução experimentada nas últimas décadas, foi gradualmente se tornando insustentável.[54]

Aliás, razões mais profundas ligadas à tradição jurídica ocidental comum a ambos os sistemas confluem para essa aproximação, para além de uma primeira ideia de que um e outro copiariam técnicas e soluções jurídicas. Trata-se, ao invés, de natural aproximação e evolução

---

[54] DINAMARCO, Cândido Rangel; LOPES, Bruno Vasconcelos Carrilho. *Teoria Geral do Novo Processo Civil*. 2. ed. São Paulo: Malheiros, 2017, p. 41-42.

de institutos adaptados à realidade de cada qual, inclusive em razão da evolução de pensamento de ambas as tradições e simbioses entre culturas promovidas pela globalização.

Esta tese defende que o art. 927 é constitucional e que há a obrigatoriedade de seguir os padrões decisórios ali elencados – quanto ao Supremo, o controle de concentrado de constitucionalidade (inciso I), fórmula que abrange as ações diretas de constitucionalidade e inconstitucionalidade (Lei nº 9.868/1999), incluindo a inconstitucionalidade por omissão e a arguição de descumprimento de preceito fundamental, os enunciados de súmula vinculante (inciso II e art. 103-A da CF) e os enunciados de súmula em matéria constitucional (inciso III), além do recurso extraordinário julgado na sistemática dos repetitivos. Estes padrões decisórios, entretanto, não se confundem sempre com precedentes, podendo, em outros casos, tratar-se de teses jurídicas.[55]

Contudo, isso não quer dizer que toda e qualquer decisão ali emitida seja de orientação obrigatória ou que isso signifique a aplicação irrestrita, pelos demais juízes, dos mencionados entendimentos vertidos nesses julgamentos. Há de se perquirir, em cada padrão decisório, se foram satisfeitos requisitos qualitativos, de modo a estar apto a ser visualizado como precedente pelos juízos subsequentes e pela própria Corte que o proferiu. De sua vez, sempre oportuno lembrar que jurisprudência, precedente e súmula são conceitos diversos; daí a razão pela qual súmula não é precedente, podendo ser vista como produto judicial que outorga tese jurídica.

Por outro lado, isso não significa que referido artigo está imune a críticas. A primeira delas reside na opção do legislador e a insistência em outorgar efeitos a decisões a partir de determinados tipos de ações específicas; assim, pela dicção, seriam obrigatórias aquelas estabelecidas em controle concentrado de constitucionalidade, as outorgadas a partir de súmulas vinculantes e súmulas em matéria constitucional e, no caso de recursos extraordinários, aquelas estipuladas pela técnica dos recursos repetitivos.

Esse critério do legislador leva em conta que a decisão dada a partir de determinada ação seria idônea a formar padrões vinculantes, como se o meio processual fosse o fator determinante e não a qualidade mesma da própria decisão. Essa orientação deve ser repudiada se a leitura for a de que, automaticamente, haveria, em cada uma dessas, um precedente a ser seguido ou que, pelo estabelecimento de um rol, se

---

[55] Como adiante será abordado, Cap. 3, Item 3.3.

excluísse a possibilidade de que decisões emanadas em outros acórdãos sejam incapazes de vincular juízos futuros.

O que dizer, nesse sentido, das orientações firmadas em *habeas corpus*, mandados de segurança, ações originárias, recursos extraordinários (fora da sistemática repetitiva) e demais de competência do Supremo? Seriam elas incapazes de obrigar juízos futuros e o próprio STF em demandas semelhantes? Ou haveriam de ser vertidas em súmulas para que ocorra tal obrigatoriedade? Trata-se de questionamento de envergadura.

Interessante exemplo foi a discussão no HC 126.292 de 2016, em que o STF modificou orientação anterior acerca da possibilidade de prisão de condenados com recurso extraordinário pendente, fixando-se a tese de que a "execução provisória de acórdão penal condenatório proferido em grau de apelação, ainda que sujeito a recurso especial ou extraordinário, não compromete o princípio constitucional da presunção de inocência".[56] O voto condutor do Min. Relator valeu-se da experiência comparada (Inglaterra, EUA, Canadá, Alemanha, França, Portugal, Espanha, Argentina) para ressaltar que em nenhum país do mundo, depois de proferida a decisão de segundo grau, a execução de uma condenação fica aguardando pronúncia de Suprema Corte. Por maioria simples, porém em composição plenária, ponderou-se pela possibilidade de cumprimento da pena, observadas certas balizas, já após o veredito em segunda grau de jurisdição.

Esta mesma decisão, posteriormente, foi chancelada pelo tribunal ao momento de afirmar a existência de repercussão geral e julgar o Recurso Extraordinário 964.264, em novembro de 2016, também em sede plenária.[57]

Pela dicção do CPC, a nova tese, embora emitida pela composição plenária, e pelo mesmo órgão judicial, não gozaria do "prestígio" que

---

[56] HC 126292 SP. Relator: Min. Teori Zavascki, Tribunal Pleno, julgado em 17 de fevereiro de 2016.

[57] Em decisão que ficou assim ementada: "CONSTITUCIONAL. RECURSO EXTRAORDINÁRIO. PRINCÍPIO DA PRESUNÇÃO DE INOCÊNCIA (CF, ART. 5º, LVII). ACÓRDÃO PENAL CONDENATÓRIO. EXECUÇÃO PROVISÓRIA. POSSIBILIDADE. REPERCUSSÃO GERAL RECONHECIDA. JURISPRUDÊNCIA REAFIRMADA. 1. Em regime de repercussão geral, fica reafirmada a jurisprudência do Supremo Tribunal Federal no sentido de que a execução provisória de acórdão penal condenatório proferido em grau recursal, ainda que sujeito a recurso especial ou extraordinário, não compromete o princípio constitucional da presunção de inocência afirmado pelo artigo 5º, inciso LVII, da Constituição Federal. 2. Recurso extraordinário a que se nega provimento, com o reconhecimento da repercussão geral do tema e a reafirmação da jurisprudência sobre a matéria" (AgRE 964246 RG. Relator: Min. Teori Zavascki, Tribunal Pleno, julgado em 10 de novembro de 2016).

possuem as decisões definidas a partir das ações previstas no art. 927. Com efeito, não consta no rol que as teses fixadas a partir de *habeas corpus* e de recursos extraordinários julgados fora da sistemática repetitiva seriam de orientação obrigatória. Entretanto, tratou-se de importante decisão que fixava o entendimento do Tribunal sobre o alcance do direito vigente a partir da tese fixada.

É interessante notar que a fixação dessa tese, de notório impacto na comunidade jurídica, não necessariamente decorreu da análise da situação específica do impetrante do HC e as peculiaridades de seu encarceramento; mas, antes, valeu-se o Supremo da oportunidade da discussão para, a partir dessa, fixar uma tese geral, aplicável a todos os casos, em uma espécie de orientação normativa do tribunal.

Assim, não se trata de um precedente, mas sim de uma tese autônoma que interpreta o alcance do direito vigente – algo similar a uma súmula que poderia ter a seguinte redação: "A execução provisória de acórdão penal condenatório proferido em grau de apelação, ainda que sujeito a recurso especial ou extraordinário, não compromete o princípio constitucional da presunção de inocência". Até porque as nuances do caso, o crime cometido e a gravidade da pena não foram sopesados para se concluir que, no caso específico, seria a oportunidade de cumprimento imediato da pena.

A esses pontos se voltará adiante, ao momento de distinguirem-se os diferentes "produtos judiciais". Por agora, parece correta a conclusão de que não há nenhuma razão para discriminar os efeitos da decisão a partir do tipo de ação em que exarada, já que o precedente é visto como uma decisão qualitativamente apta a contribuir para o esclarecimento do alcance do direito.[58]

Portanto, não é adequada a solução empreendida pelo CPC nesse ponto.[59]

As mesmas ordens de considerações podem ser aduzidas a partir das ações de mandados de injunção, uma vez que, como esta decorre de decisão em que se constata inconstitucionalidade por omissão e ausência de norma reguladora ao caso, não há como deixar de concluir

---

[58] Como explicita Franco Modugno, o juiz, ao interpretar o texto, concorre para a determinação da norma aplicável ao resolver o caso, criando-se, assim, a norma-decisão. Nesse aspecto, "a produção do direito resulta da combinação da produção de textos com a produção *strictu sensu* das normas aplicáveis (e aplicadas) no caso concreto" (MODUGNO, Franco. *Interpretazione giuridica*. 2. ed. Padova: Cedam, 2012, p. 262).

[59] Crítica anterior já havia sido emitida em artigo em coautoria: MAROCCO, Jair Sá; COSTA, Rosalina Moitta Pinto da. Vinculação a precedentes do Supremo Tribunal Federal: análise à luz do Código de Processo Civil de 2015. *Revista de Processo*, [S.l.], ano 44, v. 288, p. 423-443, fev. 2019.

que os efeitos da decisão em MI são vinculantes e aplicáveis a casos semelhantes, se proferidas pelo Supremo.

De fato, já antes do CPC, o STF outorgava efeitos *erga omnes* e vinculantes para decisões exaradas em mandados de injunção. Cite-se, a título de exemplo, o MI 712, envolvendo o direito de greve do servidor público, cuja solução aditiva foi pela aplicabilidade da Lei nº 7.782/89, que diz respeito à greve de trabalhadores privados, com adaptações ao serviço público.[60] Na prática, essa decisão igualou os efeitos de uma ação vista por individual (o MI) com outra, pensada para funcionar no controle abstrato de normas (a ação direta de inconstitucionalidade por omissão), admitindo-se, para um e outro caso, a solução aditiva de efeitos gerais e erga omnes.[61]

Portanto, pode haver outros precedentes e teses jurídicas não exarados em determinado tipo de ação, os quais, por coerência, devem obrigar demais tribunais e juízes e o próprio órgão emissor. A esses precedentes, esse estudo adotará a nomenclatura de precedentes expansivos (distintos, em termos de sistematização legal, dos chamados precedentes vinculantes, conforme adiante esmiuçado, Item 3.3.1).

Em segundo lugar, o que vincula no precedente judicial é sua razão fundante, ou seja, os motivos suficientes e determinantes para a resolução da questão, o que difere dos demais argumentos vistos como *dicta*, devendo, ainda, esses motivos serem emanados do colegiado e adotados ou admitidos pela maioria do órgão judicante.

Por aí já que se vê que o conceito de precedente guarda em si um aspecto qualitativo que lhe é imprescindível. Daí por que o estabelecimento de um rol não foi a melhor solução,[62] embora isso não chegue ao ponto de invalidar a opção legislativa.

---

[60] Confira-se: "O Tribunal, por maioria, nos termos do voto do Relator, conheceu do mandado de injunção e propôs a solução para a omissão legislativa com a aplicação da Lei nº 7.783, de 28 de junho de 1989, no que couber, vencidos, parcialmente, os Senhores Ministros Ricardo Lewandowski, Joaquim Barbosa e Marco Aurélio, que limitavam a decisão à categoria representada pelo sindicato e estabeleciam condições específicas para o exercício das paralisações. Votou a Presidente, Ministra Ellen Gracie. Não votou o Senhor Ministro Menezes Direito por suceder ao Senhor Ministro Sepúlveda Pertence, que proferiu voto anteriormente. Ausente, justificadamente, a Senhora Ministra Cármen Lúcia, com voto proferido em assentada anterior. Plenário, 25.10.2007".
[61] Acerca do ponto: MAROCCO, Jair Sá. Sentenças aditivas e formação de precedentes. *Revista de Processo*, São Paulo, v. 42, n. 268, p. 515-531, jun. 2017.
[62] Em sentido semelhante: MITIDIERO, Daniel. *Precedentes* – Da persuasão à vinculação. 3. ed. São Paulo: Thomson Reuters Brasil, 2018, p. 98-109. Este estudo discorda, porém, acerca da classificação da eficácia do precedente utilizada pelo autor; distancia-se, também, das ideias do autor na medida em que vislumbra a possibilidade de padrões decisórios vincularem os demais juízos, em certos e pontuais casos, independentemente de a decisão ser vista como precedente (como é o caso das teses interpretativas, como adiante abordado).

CAPÍTULO 3

O NOVO PAPEL DA SENTENÇA CONSTITUCIONAL NO DIREITO BRASILEIRO

3.1 A iniciativa perante a Corte

O processo decisório pressupõe a questão da iniciativa perante a Corte. O itinerário até a emissão da decisão-produto compreende muitas vezes anos de processamento. A combinação de competências originárias e recursais prevista na CF/88 repercute no grande número de demandas que são iniciadas na Corte.

Nesse sentido, várias reformas visando à racionalização desse acesso já foram propostas, consoante se viu na primeira parte desse trabalho, na medida em que influenciam na capacidade de resposta do órgão.

O estudo das formas de iniciativa perante a Corte, portanto, é de grande importância. Embora não seja a tônica do presente trabalho, convém esclarecer um pouco da temática.

Demandas envolvendo particulares e/ou órgãos públicos podem chegar ao Supremo. O controle de constitucionalidade abrange as duas tradicionais formas, a incidental (difusa) e a concentrada (direta).[63]

Oportuno sublinhar que, levando-se em conta as modalidades de acesso e a competência constitucional da Corte, há impossibilidade de taxá-la unicamente como corte de precedentes, como parte da doutrina propõe.[64] A maneira pela qual a unidade interpretativa e a segurança jurídica são tuteladas perpassa pelo novo papel dado à sentença

---

[63] V. Item 2.1.
[64] MITIDIERO, 2018, p. 78 et seq.

constitucional, independentemente do meio processual que se inicia a discussão, tal como a seguir se expõe.

3.2 O procedimento decisório

A regra do *stare decisis* e do precedente vinculante, característica institucional do sistema do *common law,* leva em conta que nem tudo é vinculante na decisão pretérita que é tomada em consideração. Em primeiro lugar, apontam Ugo Mattei e Emmanuele Ariana, o estilo das *opinions* emitidas por juízes do *common law* representa uma discussão sobre o ponto de vista jurídico apresentado, com o diferencial de que se esforçam para expor o direito a partir dos *statutes* e dos precedentes, de tal modo que se possa extrair uma doutrina aplicável e idônea também para a solução de casos futuros similares.[65] Note-se que, se isso acontece, seus efeitos assemelham-se à força de lei de nossa tradição.

Como explica Neil Duxbury, um precedente é um evento no passado que serve de guia para ação tomada no presente, de tal modo que se estabelece uma conexão entre os eventos.[66] Se isso ocorre, seguir precedentes é uma atividade que não deixa de ser retrospectiva, na acepção de que o que foi decidido antes é significativo para a decisão presente a ser tomada.

Contudo, não é qualquer decisão judicial que se qualifica a tanto. O precedente é uma decisão que se baseia numa questão de direito ou jurídica e apta a definir a situação jurídica do caso. Nesse aspecto, aponta Marinoni, "é preciso que a decisão enfrente todos os principais argumentos relacionados à questão de direito posta na moldura do caso concreto";[67] não são, nesse sentido, precedentes as decisões que apenas aplicam a norma legal, anunciando sua incidência ao caso ou, ainda, decisões superiores que citam outros precedentes para a solução do caso atual.

---

[65] MATTEI; ARIANA, 2014, p. 152. Basta pensar, a esse respeito, numa das decisões mais emblemáticas da Suprema Corte americana, o caso *Brown v Board of Education of Topek*, de 1954, em que superou a doutrina *"separated but equal"* especificada no caso *Plessy v. Ferguson* (1896), dando fim à segregação racial nas escolas americanas. Parece evidente, aqui, que, para além do caso concreto, a decisão firmou-se na necessidade de outorgar novo sentido à Constituição para o futuro.

[66] DUXBURY, Neil. *The nature and authority of precedent.* Cambridge: Cambridge University Press, 2008, p. 1.

[67] MARINONI, 2010, p. 216.

Há, então, um aspecto qualitativo a ser levado em conta. Essa observação é essencial para os fins do presente estudo, na medida em que a solução do legislador brasileiro foi eleger determinadas decisões como aptas, por si sós, a funcionarem como obrigatórias.

Antes de retornar-se a esse ponto, é preciso, por ora, avançar na análise acerca dos elementos da sentença à luz de um sistema de vinculação a decisões.

Assim é que, no *common law*, termos como *ratio decidendi, obter dicta, overruling, overriding* são conceitos obrigatórios para a compreensão do direito vigente. Aliás, uma das habilidades mais importantes dos advogados nesse sistema é a capacidade de fazer distinções entre precedentes e a analogia de seus casos com o ponto de direito já firmado, de modo a deixar de aplicar ou, ao revés, aplicá-los.[68]

O que vincula em um precedente é a *ratio decidendi* ou seus motivos determinantes, consistente na base ou fundamento direto e determinante para a resolução jurídica do caso (*"reason for the decision"*). Ela decorre de manifestação do tribunal e não de seus membros isoladamente, seguindo a base filosófica da regra da maioria relacionada a opiniões públicas e à importância do debate público.

Essa *ratio decidendi* distingue-se da *obter dicta*, razão acessória ou acidental, sendo esta composta de argumentos laterais, não essenciais, tomados pela Corte na explanação jurídica do caso – prescindíveis, portanto, para fundamentar o *decisum* da Corte. Exatamente por isso, a *obter dicta* não possui valor obrigatório, embora sinalize parte da opinião da Corte, o que não deixa de ter importância. Deve ainda ser advertido, como lembra o citado Neil Duxbury, que nem sempre é fácil diferenciá-las.[69]

Um caso posterior pode ser excepcionado da força vinculante do precedente caso seus fatos sejam distintos da *ratio* firmada, falando-se, nesse caso, em distinção ou *distinguishing*. Não se pense, por outro lado, que um precedente não possa ser modificado; nesse sentido, a regra do *stare decisis* pode ser excepcionada pelo *overruling*, que é a técnica da superação do precedente, permitindo a evolução ou modificação do direito, ou mesmo sua adaptação ou superação parcial, caso em que se fala em *overriding*.

Note-se, bem de ver, que esses conceitos são substancialmente distintos do que, até então, se estudava no processo civil-constitucional

---

[68] FINE, 2011, p. 69.
[69] DUXBURY, 2008.

brasileiro. As sentenças, do ponto de vista estrutural, sempre seguiram os requisitos da obrigatoriedade do relatório, da fundamentação e do dispositivo, orientação mantida no CPC, em seu art. 489, *caput*.

Também diverso das categorias apresentadas é o conceito de coisa julgada. Na forma do art. 503 do CPC, "a decisão que julgar total ou parcialmente o mérito tem força de lei nos limites da questão principal expressamente decidida", sendo certo que não são acobertadas por ela "os motivos, ainda que importantes para determinar o alcance da parte dispositiva", e a "verdade dos fatos, estabelecida como fundamento da sentença".

A coisa julgada é a "autoridade que torna imutável e indiscutível a decisão de mérito não mais sujeita a recurso" (art. 502), com a pretensão de zelar "pela segurança extrínseca das relações jurídicas, de certo modo em complementação ao instituto da preclusão, cuja função primordial é garantir a segurança intrínseca do processo", garantindo, ademais, "a irreversibilidade das situações jurídicas cristalizadas endoprocessualmente".[70]

Veja-se que há distinção entre os efeitos da vinculação ao precedente com a noção de coisa julgada. Vincular a *ratio decidendi* de uma decisão difere da vinculação de seu dispositivo ou *decisum*. No âmbito da jurisdição do Supremo, as ações diretas de controle de constitucionalidade gozam de natural projeção *erga omnes* da coisa julgada (art. 102, §2º, da CF e art. 28 da Lei nº 9.868/99). Mas não se pode aduzir a existência de razões fundantes a partir da regra concreta da conclusão do julgado estampada em seu dispositivo.

O CPC trouxe, pela primeira vez e de forma expressa, a figura do precedente para a lei processual brasileira. Ao abordar sobre o dever de motivação judicial, o art. 489, §1º, estabeleceu não considerar fundamentadas as decisões que "se limitar[em] a invocar precedente ou enunciado de súmula, sem identificar seus fundamentos determinantes nem demonstrar que o caso sob julgamento se ajusta àqueles fundamentos" (inciso V) e que "deixar de seguir enunciado de súmula, jurisprudência ou precedente invocado pela parte, sem demonstrar a existência de distinção no caso em julgamento ou a superação do entendimento" (inciso VI).

Note-se o uso da expressão "fundamentos determinantes"; numa primeira análise, parece certo que ela quer se referir à *ratio decidendi* tal

---

[70] WAMBIER, Teresa Arruda Alvim *et al*. *Primeiros comentários ao novo Código de Processo Civil*. 2. ed. São Paulo: Revista dos Tribunais, 2016, p. 903.

como o *common law* a designa ou à questão jurídica fundamental da decisão invocada como paradigma ao que está sendo julgado.

O CPC dá guarida à afirmação de que o elemento vinculante das decisões proferidas reside em seus motivos determinantes; de fato, o §1º do art. 927 consignou que "os juízes e os tribunais observarão o disposto no art. 10 e no art. 489, §1º quando decidirem com fundamento neste artigo", ou seja, quando levarem em conta os padrões fixados a partir do *caput*. O citado art. 489 trata do dever de fundamentação judicial, segundo o qual se considera não fundamentada – por conseguinte, nula – a decisão que:

> V – se limitar a invocar precedente ou enunciado de súmula, sem identificar seus *fundamentos determinantes* nem demonstrar que o caso sob julgamento se ajusta àqueles *fundamentos*;
> VI – deixar de seguir enunciado de *súmula, jurisprudência ou precedente* invocado pela parte, sem demonstrar a existência de *distinção no caso* em julgamento ou a *superação do entendimento*.

Assim, a teor da norma, é essencial que a aplicação do precedente e da súmula ocorra a partir de seus fundamentos determinantes (V); note-se, ainda, a exclusão da jurisprudência ao se abordar a identificação dos fundamentos determinantes no mesmo inciso V. O ponto tem uma razão específica, já que jurisprudência e precedente são conceitos distintos.

O termo jurisprudência, mais conhecido em nossa tradição, significa, em sua acepção mais estrita, "a coleção ordenada e sistematizada de acórdãos consoantes e reiterados de um certo Tribunal, ou de uma dada justiça, sobre um mesmo tema jurídico";[71] implica a "reprodução dos julgados, repetição das sentenças ou acórdãos, no mesmo sentido, sobre determinado tema".[72] Ao contrário do precedente, portanto, que pode ser obtido de uma única decisão, a jurisprudência pressupõe a reiteração de acórdãos de tribunais em determinado sentido sobre temas correlatos.

Interessante observar que o CPC incentiva a conversão da jurisprudência dominante em enunciados sumulares, ao estatuir que "na forma estabelecida e segundo os pressupostos fixados no regimento interno, os tribunais editarão enunciados de súmula correspondentes a sua jurisprudência dominante" (art. 926, §1º).

---

[71] MANCUSO, 2013, p. 43.
[72] VELOSO, 2006, p. 106.

Essa regulamentação não é novidade, na medida em que o próprio Regimento Interno do STF (RISTF) já aduzia que "a jurisprudência assentada pelo Tribunal será compendiada na Súmula do Supremo Tribunal Federal" (art. 102), sendo que a inclusão de enunciados em súmulas do tribunal exige a deliberação do Plenário, por maioria absoluta (art. 102, §1º).[73]

A jurisprudência sempre foi vista como tendo eficácia persuasiva, e, embora possuísse certa influência, a doutrina brasileira era quase unânime no parecer de que o juiz seria livre para não a adotar. Idem para as súmulas constitucionais do Supremo, criadas por influência do Ministro Victor Nunes Leal, como explica José Afonso da Silva, e que:

> Constituíam um repositório extremamente importante para se conhecer a orientação do tribunal a respeito de determinadas matérias, mas não são [não seriam] de observância obrigatória, não são impositivas, ainda que o tribunal que as produziu tenda a decidir na sua conformidade.[74]

Como visto, o CPC mudou essa orientação ao estabelecer a obrigatoriedade de observância das súmulas constitucionais. Inegável, portanto, a relevante alteração efetivada pelo Código, com a opção legislativa clara pela expansão da eficácia desses verbetes sumulares.

Doravante, pois, não é mais adequado falar-se nas súmulas como meras fórmulas facilitadoras do acesso à jurisprudência do Supremo, como originalmente a concebeu o Ministro Victor Nunes Leal. Ademais, sendo texto geral e abstrato, que agora passa a vincular demais decisões a partir de sua tese, tanto em sua discussão e processo de formação, quanto em sua aplicação futura, os casos concretos que lhe deram causa devem ser bem articulados. Pelo menos essa parece ser a vontade do código quando aduz que "ao editar enunciados de súmula, os tribunais devem ater-se às circunstâncias fáticas dos precedentes que motivaram sua criação" (art. 926, §2º).

Voltando-se à questão dos fundamentos determinantes – elemento, repisa-se, que vincula em um precedente, e que deve ser levado em conta pelo juiz na fundamentação judicial, tendo sido erigido como atividade essencial sem a qual a decisão é nula (art. 489, §1º) –,

---

[73] BRASIL. Supremo Tribunal Federal. *Regimento interno*. Brasília, DF: STF; Secretaria de Altos Estudos, Pesquisas e Gestão da Informação, 2020. Disponível em: https://www.stf.jus.br/arquivo/cms/legislacaoRegimentoInterno/anexo/RISTF.pdf. Acesso em: 19 jul. 2022.
[74] SILVA, José Afonso da. *Comentário Contextual à Constituição*. 6. ed. São Paulo: Malheiros, 2009, p. 580.

é preciso que se delineie que esses só são firmados caso o argumento jurídico seja referendado ou adotado pela maioria do tribunal que a profere.⁷⁵

Mas a questão não é tão simples: é possível afirmar que há *ratio decidendi* em súmulas do Supremo ou em sua jurisprudência, ou esse conceito restringe-se ao precedente?

Quando o CPC se vale do termo "precedente", a conclusão demonstra ser lógica, já que, tratando-se de precedente na acepção usual do termo, consequentemente esta decisão judicial terá uma *ratio* expansiva em seus efeitos. Note-se, no entanto, que o inciso V, ao abordar a identificação de fundamentos determinantes, refere-se aos precedentes e súmulas.

De sua vez, o inciso VI fala em não considerar fundamentada a decisão que deixa de seguir enunciado de súmula, jurisprudência ou precedente invocado pela parte, sem demonstrar a existência de distinção no caso em julgamento ou a superação do entendimento.

Aqui, não há dúvidas que o legislador se inspirou na noção de *distinguishing* e de *overruling*, que são, respectivamente, a distinção do caso para a não aplicação do precedente e a superação do precedente. Porém, é válido questionar se o conceito de distinção se aplica de igual maneira ao momento de distinguir um caso específico à luz de um pretérito *decisum* (precedente), ou de uma súmula ou de orientação jurisprudencial. Melhor dizendo, a atividade relacionada ao *distinguished* pode variar a cada situação, pelo que a experiência do *common law* é limitada à realidade brasileira. Lembre-se, mais uma vez, que o art. 489, VI, ao tratar dessa figura, aborda as três categorias.

Como se vê, foram positivadas modificações no dever de fundamentação do juízo, tornando-o uma atividade mais complexa. É notória a evolução da disciplina atual em comparação ao anterior código de 1973, que tinha regulamentação mais sucinta, prevendo o revogado art. 458 serem "requisitos essenciais da sentença", os "fundamentos, em que o juiz analisará as questões de fato e de direito", além do relatório e do dispositivo.

Nota-se a clara modificação da carga de eficácia das decisões no CPC, que agora devem ser levadas em conta, vez que colaboram

---

⁷⁵ V. E. 317 do FPPC: "O efeito vinculante do precedente decorre da adoção dos mesmos fundamentos determinantes pela maioria dos membros do colegiado, cujo entendimento tenha ou não sido sumulado" e enunciado 319: "Os fundamentos não adotados ou referendados pela maioria dos membros do órgão julgador não possuem efeito de precedente vinculante".

com o direito legislado, na medida em que o direito é duplamente indeterminado, papel que se torna mais evidente quando se leva em consideração a posição institucional da Suprema Corte brasileira.

Pelo exposto, não é preciso esforço para concluir que essas mudanças implicam a modificação do labor da Corte Suprema e, igualmente, variações no trabalho dos advogados e demais operadores. Veja-se que, ao estabelecer que a invocação de enunciado de súmula, jurisprudência ou precedente pela parte deve ser levada em conta caso diga respeito à lide, a não ser que o juízo demonstre a existência de distinção e mesmo de superação do entendimento mencionado, a decisão de desconsiderá-las é tida por não fundamentada, com a grave consequência de sua nulidade (art. 489, §1º, VI, CPC). Há, portanto, novo ônus no dever de fundamentação aos juízes.

Essas considerações relacionam-se, do ponto de vista da atividade judicante, diretamente com a questão do estilo da sentença da Corte, a maneira como são decididas as causas, a colegialidade e a chamada opinião divergente: vale dizer, seu procedimento decisório.

Feitas as reflexões, convém aprofundar os referidos pontos.

3.2.1 Colegialidade e discussão pelo órgão judicante

Em termos gerais, explicita o comparatista Paolo Passaglia, é possível diferenciar as decisões de juízes constitucionais, sob o aspecto estrutural, segundo a forma que se apresentem:[76] a) de dissertação, b) de um único período muito articulado[77] e c) de um enunciado único.[78]

O modelo brasileiro segue a estrutura de decisões sob forma de dissertação, caracterizada pela não vinculação do relator, de uma maneira geral, a regras e esquemas predeterminados; tais formatos costumam trazer motivações alongadas e, de outra parte, pecam pela

---

[76] PASSAGLIA, Paolo. A estrutura e a forma das decisões e o uso do direito comparado pelos juízes constitucionais. In: ROMBOLI, Roberto; ARAÚJO, Marcelo Labanca Corrêa (Org.). *Justiça constitucional e tutela jurisdicional dos direitos fundamentais*. Tradução de Alessandro Landini *et al*. Belo Horizonte: Arraes Editores, 2015, p. 2-18.

[77] Presente no sistema francês, em que "as decisões tomam uma estrutura aparentemente mais simples, sendo articuladas em um único período, enriquecido de muitas proposições subordinadas [...] a qual é definida '*vis-em-dis*', fórmula obtida através da contração dos termos que designam as três partes da decisão: *visas, considérants e dispositif*" (Ibidem, p. 10).

[78] Aqui, exemplifica o autor com as decisões que se apresentam de "enunciados singulares", como os da Suprema Corte americana quando "[da] concessão ou não do *certiorari*, que são constituídas por *orders* que apresentam uma lista de julgamentos, um correspondente àqueles para os quais o *certiorari* é '*concedido*' outro para os quais é '*negado*'" (Ibidem, p. 11).

prolixidade e pela dificuldade de seus entendimentos, especialmente os motivos essenciais.

É exatamente o que acontece nas sentenças do Supremo: tanto o relator quanto os demais pares costumam proferir longas decisões de forma individualizada, cheias de citações doutrinárias e, às vezes, sem maiores preocupações acerca dos entendimentos anteriores ou em relação à *ratio essendi* pretérita, sendo comum, ainda, menção a ementas que muitas vezes não se ligam tão bem à ação em causa.[79] Disso resulta a dificuldade de obtenção da *opinion* do tribunal, sendo mais um ponto que conjura contra a segurança jurídica e a previsibilidade.

Abaixo, são citadas três situações que dão suporte à afirmação acima.

A primeira diz respeito a uma *dicta* levada em conta como se fosse firme *ratio decidendi* do tribunal; a segunda, por sua vez, é referente à ordem judicial que contrariou manifestamente entendimento anterior do tribunal e, por fim, a terceira é relacionada a medidas liminares não amparadas em precedentes da Corte e caracterizadas pela imposição da opinião pessoal do julgador.

A primeira situação reside em emblemático acórdão do Supremo, levando em conta como se fosse precedente do Tribunal, dizendo respeito a assuntos jurídicos de tomo relacionado a direitos sociais, como a reserva do possível, o mínimo existencial e a possibilidade de intervenção judicial em políticas públicas: trata-se da Arguição de Descumprimento de Preceito Fundamental nº 45 (ADPF nº 45),[80] discutida no bojo de remédio processual como ação abstrata.

O caso concreto tratava de ação que questionava veto a determinado artigo da lei orçamentária de 2004 (recursos destinados à saúde) e que teve perda de objeto em razão de nova lei ter restaurado o artigo originalmente vetado, cuja decisão de perda de objeto foi firmada apenas pelo relator.

Ressaltou o relator que a ação poria em evidência "a dimensão política da jurisdição constitucional conferida" ao STF, "que não

---

[79] Como ressaltam Breno Baía Magalhães e Sandoval Silva, escrevendo sob a égide das discussões do CPC, ao criticarem a prática usual de levar-se a *ementa* do acórdão em conta como se precedente fosse, corre-se o risco de alijar-se da discussão as particularidades do caso ou das normas que regeram o caso concreto, escamoteando a noção de fundamentos determinantes que o projeto do código visou a inserir. V. MAGALHÃES, Breno Baía; SILVA, Sandoval Alves. Quem vê ementa, não vê precedente: ementismo e precedentes judiciais no projeto do CPC. In: FREIRE, Alexandre *et al.* (Org.). *Novas Tendências do Processo Civil*: estudos sobre o Projeto do Novo Código de Processo Civil. Salvador: JusPodivm, 2014. p. 211-237. (Volume 2).

[80] ADPF 45 DF/MC. Relator: Min. Celso de Mello, Tribunal Pleno, 29 de abril de 2004.

poderia demitir-se do gravíssimo encargo de tornar efetivos os direitos econômicos, sociais e culturais"; prosseguiu afirmando que o papel na formulação e implementação de políticas públicas, ainda que primariamente afeitas aos Poderes Legislativo e Executivo, poderia ser atribuído ao Judiciário "se e quando os órgãos estatais competentes, por descumprirem os encargos políticos-jurídicos que sobre eles incidem vierem a comprometer [...] a eficácia e integridade de direitos" de ordem constitucional, sejam eles individuais ou coletivos.

Observou, a seguir, que a realização dos direitos econômicos, sociais e culturais se relaciona financeiramente às possibilidades orçamentárias do Estado, e, se comprovada a incapacidade econômico-financeira para tal, não seria razoável exigir do ente a imediata satisfação do direito fundamental, tensão essa traduzida na chamada "reserva do possível" – exigindo-se que a) a pretensão requerida seja razoável em face do poder público e b) existência de disponibilidade financeira pelo ente.

Afirmou, ainda, o ministro relator:

> Não obstante a formulação e a execução de políticas públicas dependam de opções políticas a cargo daqueles que, por delegação popular, recebem investidura em mandato eletivo, cumpre reconhecer que não se revela absoluta, nesse domínio, a liberdade de conformação do legislador, nem a de atuação do Poder Executivo. É que, se tais Poderes do Estado agirem de modo irrazoável ou procederem com a clara intenção de neutralizar, comprometendo-a, a eficácia dos direitos sociais, econômicos e culturais, afetando, como decorrência causal de uma injustificável inércia estatal ou de um abusivo comportamento governamental, aquele núcleo intangível consubstanciador de um conjunto irredutível de condições mínimas necessárias a uma existência digna e essenciais à própria sobrevivência do indivíduo, aí, então justificar-se-á, como precedentemente já enfatizado – e até mesmo por razões fundadas em um imperativo ético-jurídico –, a possibilidade de intervenção do Poder Judiciário, em ordem a viabilizar, a todos, o acesso aos bens cuja fruição lhes haja sido injustamente recusada pelo Estado.

Portanto, legítima seria a intervenção judicial se a atuação não razoável ou neutralizadora do poder público na eficácia dos direitos sociais afetasse o núcleo intangível relacionado a um "conjunto irredutível de condições mínimas necessárias a uma existência digna e essenciais à própria sobrevivência do indivíduo".

Não obstante tratar-se de decisão monocrática não avaliada pelo tribunal e seus termos genéricos – somado ao fato de que o caso ocorrera em controle abstrato relacionado à norma de lei orçamentária –, ela serviu (e vem servindo) para fundamentar diversas intervenções judiciais em políticas públicas que demandam custos orçamentários. Uma rápida pesquisa sobre o tema no âmbito do STJ (sem maiores considerações acerca dos meandros de cada caso) dá conta de que, citando-se, dentre outros, a mencionada ADPF, o tribunal decidiu: a) pela possibilidade de intervenção judicial para fins de obra de drenagem em prol do meio ambiente (Resp. 1804607/MS);[81] b) prover recurso especial mantendo decisão que obrigava disponibilização de banho aquecido a presos (Resp. 1537530/SP);[82] c) assentar que não há impossibilidade jurídica de ação civil pública que requer implantação de rede de esgotos em determinado conjunto habitacional (Resp. 1150392/SC);[83] d) pelo fornecimento de medicamento diretamente no judiciário sem prévio requerimento administrativo (RMS 24197/PR).[84]

Na prática, a ADPF 45 tem funcionado como precedente expansivo vertical (e horizontal), e o voto de um único ministro sobre temas não submetidos ao contraditório e não ligados diretamente ao caso *sub judice* impactaram decisões em contextos diversos país afora.

A segunda situação diz respeito a uma completa desconsideração do que fora fixado anteriormente em orientação vinculante pelo Tribunal; ocorreu por ocasião da fixação do entendimento de que a execução provisória de acórdão penal condenatório proferido em grau de apelação não comprometeria o princípio constitucional da presunção de inocência, o que, na prática, permitiria o início do cumprimento da pena após a confirmação da sentença pelo Tribunal competente, mesmo que pendente recurso extraordinário. Essa tese foi fixada pelo pleno do Supremo, em 2016, no HC 126.292 e no RE 964.246.

Pouco depois da orientação firmada, e em Ação Direta de Constitucionalidade (ADC 54)[85] ajuizada pelo Partido Comunista Brasileiro, um dos ministros da Corte, que havia votado contra o entendimento que prevaleceu, concedeu tutela liminar monocrática, às vésperas do recesso judiciário (valendo-se do art. 10 da Lei nº 9.868/99, fugindo-se

---

[81] REsp 1.804.607/MS. Relator: Min. Herman Benjamin, Segunda Turma, julgado em 10 de setembro de 2019.
[82] REsp 1.537.530/SP. Relator: Min. Herman Benjamin, Segunda Turma, julgado em 27 de abril de 2017.
[83] REsp 1.150.392/SC. Relator: Min. Sérgio Kukina, Primeira Turma, julgado em 13 de setembro de 2016.
[84] RMS 24.197/PR. Relator Ministro Luiz Fux, Primeira Turma, julgado em 4 de maio de 2010.
[85] ADC 43. Relator: Min. Marco Aurélio, Tribunal Pleno, julgado em 07 de novembro de 2019.

da regra que previa decisão por maioria absoluta para concessão de medidas de urgência em ações diretas), afirmando que:

> [...] defiro a liminar para, reconhecendo a harmonia, com a Constituição Federal, do artigo 283 do Código de Processo Penal [CPP], determinar a suspensão de execução de pena cuja decisão a encerrá-la ainda não haja transitado em julgado, bem assim a libertação daqueles que tenham sido presos, ante exame de apelação, reservando-se o recolhimento aos casos verdadeiramente enquadráveis no artigo 312 do mencionado diploma processual [...].

Ignorando-se tese plenária anterior, voltou-se a decidir, monocraticamente, que a hipótese de confirmação de sentença condenatória em segunda instância não seria hábil a justificar qualquer prisão fora das hipóteses de encarceramento provisório (art. 312 do CPP), e isso beneficiaria a todos na mesma situação.

Argumentou o relator haver "tempos estranhos os vivenciados nessa sofrida República" e que, como ministro, não se curvaria a "pronunciamento que, diga-se, não tem efeito vinculante" (desconsiderando anterior RE, com repercussão geral reconhecida, e os *habeas corpus* julgados pelo Pleno). Ainda, aduziu que o art. 283 do CPP:

> [...] não abre campo a controvérsias semânticas. A Constituição Federal consagrou a excepcionalidade da custódia no sistema penal brasileiro, sobretudo no tocante à supressão da liberdade anterior ao trânsito em julgado da decisão condenatória. A regra é apurar para, em virtude de título judicial condenatório precluso na via da recorribilidade, prender, em execução da pena, que não admite a forma provisória.

Na prática, o Ministro, recusando-se a observar as razões de decidir existentes, concluiu que essas não teriam efeito vinculante, mas a sua ordem monocrática o teria.

No mesmo dia da liminar, seus efeitos foram suspensos pelo Presidente do Tribunal, ao deferir Suspensão de Liminar nº 1.188, ajuizada pela Procuradoria-Geral da República, tendo afirmado o órgão ministerial, em seus arrazoados, que a decisão contrariava diversos pronunciamentos anteriores e que teria sido proferida porque o Ministro não concordava, em convicção pessoal, com os termos.

O episódio demonstra um pouco da cizânia do Tribunal e o desrespeito ao dever de "uniformizar sua jurisprudência e mantê-la estável, íntegra e coerente" (art. 926, CPC), colocando-se todo o sistema judiciário em posição de insegurança jurídica. Vê-se enorme confusão sobre o alcance dos institutos processuais: fala-se em impossibilidade de modificação de posição jurisprudencial em razão do tipo de ação tratada (embora a decisão seja do mesmo colegiado em sua maior composição); fala-se em decisões que não teriam força vinculante; desrespeitam-se monocraticamente teses anteriores fixadas em colegiado etc.

Embora, na situação exposta, haja margem para que ambas as interpretações sejam vistas como "compatíveis com a Constituição", é evidente que a mudança de orientação e suas circunstâncias não se coadunam com conduta que se espera da corte de cúpula, que tem como um dos encargos a função uniformizadora e nomofilácica.[86]

Veja que a orientação antes firmada era plausível do ponto de vista interpretativo, havendo determinação do alcance do sistema jurídico que, pouco depois, foi desconsiderada de forma abrupta.

Viola-se, com isso, elementar função do órgão judicial: a segurança jurídica (que é princípio estrutural do Estado de Direito e direito fundamental da pessoa humana),[87] com efeitos negativos para a estabilidade do ordenamento jurídico.

A última situação reside nas medidas liminares do Supremo que violam a noção de colegialidade, e, por consequência, da estabilidade e coerência das decisões. Segundo mandamento constitucional, "somente pelo voto da maioria absoluta de seus membros ou dos membros do respectivo órgão especial poderão os tribunais declarar a inconstitucionalidade de lei ou ato normativo do Poder Público" (art. 97, CF), conhecida como cláusula da reserva de plenário, que também prestigia o valor da estabilidade da ordem jurídica,[88] na medida em que a decretação de inconstitucionalidade representa manifestação do pleno do tribunal enquanto expressão colegiada do órgão.

Os artigos 10, 12-F e 21 da Lei nº 9.869/99 aduzem que a medida cautelar somente pode ocorrer por determinação da maioria absoluta

---

[86] V. nesse sentido, os enunciados do FPPC: E. 453: "A estabilidade a que se refere o *caput* do art. 926 consiste no dever de os tribunais observarem os próprios precedentes"; E. 454: "Uma das dimensões da coerência a que se refere o *caput* do art. 926 consiste em os tribunais não ignorarem seus próprios precedentes (dever de autorreferência)"; E. 455: "Uma das dimensões do dever de coerência significa o dever de não contradição, ou seja, o dever de os tribunais não decidirem casos análogos contrariamente às decisões anteriores salvo distinção ou superação"; E. 456 "Umas das dimensões do dever de integridade consiste em os tribunais decidirem em conformidade com a unidade do ordenamento jurídico".
[87] Cf. SARLET, Ingo Wolfgang. *A eficácia dos direitos fundamentais*. 10. ed. Porto Alegre: Livraria do Advogado, 2010, p. 433-434.
[88] Cf. SILVA, 2009, p. 517.

dos membros; no caso específico da ADI, excepciona-se a liminar em período de recesso, caso em que o presidente do tribunal pode adotar medidas de urgência *ad referendum* do pleno.

Não obstante, tem-se valido o Supremo, por analogia, da norma do art. 5, §1º da Lei nº 9.882/99 (Lei da ADPF),[89] que permite ao relator, em caso de urgência ou perigo de lesão grave, conceder medida liminar. Todavia, como observam Gilmar Mendes e André Rufino do Vale, "o fato é que o quadro atual revela um perceptível aumento do número de decisões cautelares monocráticas em ações diretas de inconstitucionalidade", não obstante em sua maioria "cabalmente descabidas, o que demonstra a necessidade de regras regimentais mais claras e incisivas sobre o tema".[90] Mencionam como exemplo a liminar concedida pelo Min. Marco Aurélio na ADPF 54 que, na prática, possibilitou o aborto de fetos anencefálicos sem a consequência da norma penal incriminadora do aborto, liminar essa, logo após, derrubada pelo pleno.

Não há dúvidas que essa permissividade em liminares contraria frontalmente a lógica democrática e a própria legitimidade dessas decisões, violando-se, também, a cláusula da reserva de plenário. Como lembram Gilmar Mendes e André Rufino do Vale, se existe controvérsia acerca da legitimidade democrática do controle de constitucionalidade[91] feito por um tribunal ser capaz de tornar sem efeito leis do parlamento, tanto mais há ao se olhar o fenômeno sob o ponto de vista de apenas um julgador, situação que mais se aproxima do arbítrio; não há nada, talvez, similar no direito comparado.[92]

Acerca dessa incongruência, vale as lições de Tocqueville, no momento que analisou o Judiciário americano e a função de, num caso

---

[89] A respeito, bem explicita José dos Santos Carvalho Filho, em notícia veiculada com o título: "Congresso reage às decisões monocráticas do Supremo em ADIs", informando que essa prática, que deveria ser excepcional, passou a ser utilizada com maior frequência, de tal modo que a Câmara de Constituição e Justiça da Câmera dos Deputados aprovou proposta de projeto de lei que veda a medida monocrática cautelar de ministro em ADI e ADPF. V. CARVALHO FILHO, José dos Santos. Congresso reage às decisões monocráticas de ministros do Supremo em ADIs. *Consultor Jurídico*, São Paulo, 9 jun. 2018. Disponível em: https://www.conjur.com.br/2018-jun-09/observatorio-constitucional-congresso-reage--decisoes-monocraticas-supremo-adis. Acesso em: 19 jul. 2022.

[90] MENDES, Gilmar Ferreira; VALE, André Rufino do. *Questões atuais sobre as medidas cautelares no controle abstrato de constitucionalidade*. Observatório da Jurisdição Constitucional, ano 5, v. 1, n. 1, 2011. Disponível em: https://www.portaldeperiodicos.idp.edu.br/observatorio/article/view/661. Acesso em: 18 jul. 2022.

[91] Acerca da preocupação da doutrina constitucional sobre o tema, por ex.: SCAFF; MAUÉS, 2005, p. 114 *et seq*.

[92] MENDES; VALE, 2011.

concreto, afastar a aplicação da lei, coisa distinta de um juízo com efeitos gerais que subtrai a força normativa a todos:

> Se o juiz pudesse combater as leis de maneira teórica e geral, se pudesse tomar a iniciativa e censurar o legislador, ele entraria com estrondo na cena política; tornando-se o campeão ou o adversário de um partido, convocaria todas as paixões que dividem o país a tomar parte na luta.[93]

É o que aconteceu, ainda, em decisão de 2020, *ad exemplum*, proferida por ocasião da ADI 6363/DF,[94] em que o relator manipulou o sentido normativo da Medida Provisória 936, de abril de 2020, a qual, em meio à crise de pandemia do coronavírus, possibilitava aos empregadores, por contrato individual de trabalho, a redução proporcional da jornada de trabalho e salários e/ou a suspensão temporária de contratos de trabalho. Na ocasião, o relator decidiu que o art. 11 da norma deveria ser interpretada ("interpretação conforme a Constituição") no sentido de que "somente se convalidarão, ou seja, apenas surtirão efeitos jurídicos plenos, após a manifestação dos sindicatos dos empregados", estabelecendo, assim, em meio à crise, mais uma condição de eficácia para os acordos não prevista pela norma. Note-se que a decisão liminar fora decidida monocraticamente, embora o Tribunal não estivesse em recesso.

Consoante ponderado pelo relator, "a análise dos dispositivos do texto magno nela mencionados revelam que os constituintes [referiam-se aos arts. 7º, VI, XIII e XXVI, e 8º, III e VI, todos da CF] ao elaborá-los, pretenderam proteger os trabalhadores" em face das alterações substanciais de contratos laborais, reconhecendo que estes seriam hipossuficientes, daí por que essencial a assistência dos sindicatos que os representam. Mais ainda, consignou que "o afastamento dos sindicatos de negociações, entre empregadores e empregados [...] contraria a própria lógica subjacente ao Direito do Trabalho, que parte da premissa da desigualdade estrutural entre os dois polos".

Com uma simples decisão, o Ministro foi capaz de outorgar alcance novo e individualizado à MP e totalmente contrário da opção política desejada pela Presidência da República. Não apenas isso, uma questão de alta complexidade – que envolve outros princípios

---

[93] TOCQUEVILLE, Alexis de. *A Democracia na América*. Tradução de Julia da Rosa Simões. São Paulo: Edipro, 2019. Cap. 6. *E-book*.
[94] ADI 6363 MC-Ref. Relator: Min. Ricardo Lewandowski; Relator do Acórdão: Min. Alexandre de Moraes, Tribunal Pleno, julgado em 17 de abril de 2020.

constitucionais como os constantes dos artigos 170, VIII, 6, 3, inc. III, 1, IV, entre outros – foi resolvida de forma singela e com escassa fundamentação, como se um princípio genérico[95] (hipossuficiência do trabalhador) pudesse ser manipulado para o fim de prevalecer a opinião pessoal do julgador. Claramente, houve afronta ao dever de fundamentação no *decisum*, situação que se torna mais grave na medida em que concedida monocraticamente e em medida de urgência.[96]

No entanto, a Constituição não deixa dúvida de que "somente pelo voto da maioria absoluta de seus membros ou dos membros do respectivo órgão especial poderão os tribunais declarar a inconstitucionalidade de lei ou ato normativo do Poder Público" (art. 97).

A cláusula de reserva de plenário, portanto, tem sido desconsiderada em medidas liminares monocráticas emitidas para suspender leis pelo STF.

É plenamente admissível a assunção de poderes ao relator por parte do colégio de ministros, mas isso ocorre em hipóteses excepcionais, em casos de orientação anterior já consolidada e coincidente com o escrutínio atual – tal como, aliás, regula o CPC (art. 932).

Fora desses casos, ao relator é inconcebível que assuma decisão limitadora (interpretativa) ou abladora (eliminativo-negativo) liminarmente, sem anuência ou confirmação pelo pleno.

---

[95] Sobre o tema, no âmbito da própria Corte como um todo, observa Rodrigo Brandão a tendência de se "rever a valoração feita pelo legislador de uma interpretação que, a seu ver, otimize as potencialidades de princípio constitucional aberto", de tal modo que vem o Supremo na interpretação da Constituição "cada vez mais *se afastando de uma perspectiva positivista – que, como visto, se utiliza amplamente de técnicas de autorrestrição judicial –, em favor de uma postura ativista, que dá pouco espaço à deferência a interpretações legislativas que, embora não pareçam aos olhos dos juízes as melhores ou as mais eficazes, se afigurem razoáveis*", destacando que, assim atuando, beira os limites entre o controle de constitucionalidade da norma e a revisão da conveniência e oportunidade da mesma. V. BRANDÃO, Rodrigo. *Supremacia Judicial versus Diálogos Constitucionais*: a quem cabe a última palavra sobre o sentido da Constituição? Rio de Janeiro: Lúmen Juris, 2012, p. 164 (grifo no original).

[96] Por isso, esse texto defende que decisão liminar monocrática não amparada em precedente firme da Corte e que sindique ato de outro poder que não viole evidentemente a lei ou a Constituição deve ser proscrita ao relator – há sérias dúvidas de constitucionalidade, nesse sentido, da solução dada pela lei da ADPF, já que violadora da reserva de plenário. Tal situação se torna mais grave ante outro problema relacionado à jurisdição da Corte, consistente no uso político, por minorias parlamentares, de ações que visam rediscutir matérias já resolvidas pelo Parlamento, situação em que bem pontuou Rubio Llorente: "*En mi opinión, la raíz última de los males del Tribunal está en el uso que las minorías parlamentarias hacen del recurso de inconstitucionalidad para continuar allí el debate político. De ahí su afán por contar con magistrados 'sensibles a sus planteamientos', cuantos más mejor, y de ahí también la visión que nuestra sociedad tiene de él como órgano político, una especie de tercera Cámara. Y como no cabe esperar que nuestros políticos utilicen con mesura un instrumento del que se pueden servir en sus interminables querellas, lo único que cabe hacer es eliminarlo*" (LLORENTE, Francisco Rubio. Los males del Constitucional. *El País*, Madri, 9 ago. 2012. Disponível em: https://elpais.com/elpais/2012/08/08/opinion/1344428642_876035.html. Acesso em: 18 jul. 2022).

Essas três situações são uma amostra da dispersão jurisprudencial excessiva dentro do STF e de uma aparente aversão à noção de colegialidade; não há previsibilidade e respeito a precedentes, e os ministros têm sido vistos como ilhas onde pouco ou nada importa a história institucional do órgão. Em outros casos, sequer é possível fazer a alusão à questão da opinião dissidente no STF, uma vez que a própria opinião do tribunal não é relatada como decisão do entendimento prevalecente da Corte (sentença única), na medida em que cada membro costuma expor suas razões de forma individualizada e, embora haja concordância quanto ao resultado da demanda em seu dispositivo (procedente ou improcedente), a motivação não é coincidente.

Essa observação é relevante quando se compara a finalidade das reformas processuais e a prática da Corte. A decisão vista como precedente deve satisfazer requisitos qualitativos, a fim de que seja possível a extração do fundamento determinante, o qual deve ser adotado ou referendado pela maioria do colegiado.

Exatamente por isso, e com o fim de amenizar parte dos problemas relatados, o STF, pela Emenda Regimental nº 58/2022, aprovou importantes alterações em seu regimento interno, com valorização da colegialidade nas deliberações do órgão.

Nos termos do art. 21, inciso IV do regimento, caberá ao relator submeter necessariamente ao Plenário ou à Turma, em suas respectivas competências processuais, "medidas cautelares de natureza cível ou penal necessárias à proteção de direito suscetível de grave dano de incerta reparação, ou ainda destinadas a garantir a eficácia da ulterior decisão da causa"; e, pelo teor do inciso seguinte (V), excepcionalmente, poderá o mesmo relator conceder as medidas de urgência previstas no inciso anterior, devendo, neste caso, submetê-las "imediatamente ao Plenário ou à respectiva Turma para referendo, preferencialmente em ambiente virtual".[97]

---

[97] Neste caso, conforme §5º do art. 21 do RISTF: "A medida cautelar concedida nos termos no inciso V produzirá efeitos imediatos e será automaticamente inserida na pauta da sessão virtual subsequente, para julgamento do referendo pelo colegiado competente"; e, ainda: "§6º Na hipótese do parágrafo anterior, o Ministro Relator poderá optar por apresentar o feito em mesa na primeira sessão presencial subsequente à concessão da decisão, sem prejuízo de sua manutenção na sessão virtual, se não for analisado"; "§7º Em caso de excepcional urgência, o Relator poderá solicitar ao Presidente a convocação de sessão virtual extraordinária, com prazo mínimo de 24 (vinte e quatro) horas, para referendo da medida cautelar concedida nos termos do inciso V, consoante o disposto no art. 21-B, §4º, deste Regimento"; "§8º A medida de urgência prevista no inciso V deste artigo, caso resulte em prisão, será necessariamente submetida a referendo em ambiente presencial e, se mantida, reavaliada pelo Relator ou pelo Colegiado competente, a cada 90 (noventa) dias, nos

Como se vê, a intenção parece a de evitar-se as criticadas decisões monocráticas, especialmente as que sindiquem atos de outros poderes. Além disso, a norma parece ser de ampla aplicação, envolvendo recursos extraordinários e ações de controle concentrado de constitucionalidade.

Também foi reformado o prazo para devolução de autos em caso de pedidos de vistas: o ministro que pedir vistas dos autos, deverá apresentá-los para prosseguimento da votação em até 90 dias, contado da data da publicação da ata de julgamento (art. 134 RISTF); vencido o prazo, os autos automaticamente serão liberados para continuação do julgamento. Antes, não havia consequência para a não devolução dos autos; agora, o colegiado poderá manifestar-se em continuidade do julgamento mesmo com as vistas concedidas.

Trata-se de modificação salutar, que também reforça a colegialidade do órgão, facilitada em razão da deliberação em plenário virtual.

3.2.2 Modo de deliberação, estrutura da sentença e os argumentos submetidos a contraditório

Por tudo o que se viu, o modo de deliberação da corte deve ser analisado, já que reflete na estrutura da sentença do órgão.[98] Cabe o registro das lições de André Rufino sobre o tema, ao expor a diferença entre o método deliberativo *per curiam* e o modelo de decisão *seriatim*:

> Em contraste com o modelo de decisão *per curiam*, que privilegia a apresentação do resultado da deliberação como "opinião do tribunal" em texto único, o modelo de decisão *seriatim* se caracteriza pela produção de um agregado das posições individuais de cada membro do colegiado, cujos votos são expostos "em série" em um texto composto – aí está o significado do termo em latim *seriatim*. Nos tribunais que adotam esse modelo, a deliberação comumente não se desenvolve com o objetivo de produzir um texto final com uma única *ratio decidendi* que possa representar a posição institucional da Corte – unívoca e impessoal –, mas como uma proclamação sucessiva das decisões individuais dos membros do tribunal, normalmente precedidas de um discurso que cada juiz tem o direito de fazer, seja por meio de um texto escrito por ele preparado previamente ou por meio da improvisação oral, para apresentar publicamente sua própria argumentação e seu julgamento individual

---

termos do art. 316, parágrafo único, do Código de Processo Penal, cabendo à Secretaria Judiciária realizar o acompanhamento dos prazos".

[98] CASSESE, Sabino. Lezione sulla cosiddetta "opinione dissenziente" (CASSESE, Sabino. *Dentro la corte*: Diario di um giudice costituzionale. Bolonha: Il Mulino, 2015. p. 275-285).

do caso. O resultado da deliberação é apresentado em texto composto pelos diversos votos e suas respectivas *ratio decidendi*, tornando bastante complicada em algumas ocasiões a tarefa de definir com precisão o fundamento determinante da decisão do tribunal, a qual normalmente pode ser realizada pela extração do "mínimo comum" entre os distintos argumentos individuais. Na prática, uma das consequências da adoção desse modelo é a maior importância que adquirem as *ratio decidendi* de cada juiz individualmente consideradas para a técnica de precedentes. Cada juiz passa a estar mais vinculado a suas próprias decisões e argumentos, de modo que não é estranha a esses sistemas a produção de um "*overruling* pessoal", na hipótese em que determinado juiz tenha que rever seu próprio posicionamento.[99]

Como se vê, o modelo *seriatim*, embora não impossibilite, certamente dificulta a operacionalização de um sistema baseado em precedentes, já que há mais dificuldade na obtenção da *ratio essendi*.

É interessante notar, sob o aspecto da estrutura das decisões judiciais, que os países de tradição da *civil law* seguem, no geral, o estilo da sentença como "expressão unitária do colegiado"; já no *common law*, "as *opinions* dos juízes são expressas individualmente (ditas *seriatim opinian*), de modo que a decisão final é fruto da soma das posições individuais, à luz das quais se constrói uma maioria", tal como explica o comparatista Paolo Passaglia.[100]

Como se vê, o Brasil não segue o estilo usual (*per curiam*) dos demais países de mesma tradição.[101] Portanto, há dificuldade na identificação/interpretação do objeto da vinculação da decisão judicial, ponto esse que não passou despercebido por Araken de Assis, ao pontuar:

> A extensão do efeito vinculante aos fundamentos determinantes do precedente implicaria a pesada tarefa de o aplicador da tese jurídica localizar, nos acórdãos do STF, a *ratio decidendi* do aresto. Ora, a motivação dos julgados do STF forma-se pela junção de votos extensos, proferidos oralmente (mas, não improviso!), e, a mais das vezes, totalmente discrepantes. A *ratio decidendi* resulta da individualização do *holding* e da abstração dos *obter dicta* irrelevantes. Não é tarefa fácil nem sequer nos sistemas jurídicos mais acostumados com essa sistemática. Mas,

---

[99] VALE, André Rufino do. É preciso repensar a deliberação no Supremo Tribunal Federal. *Consultor Jurídico*, São Paulo, 1 fev. 2014. Disponível em: https://www.conjur.com.br/2014-fev-01/observatorio-constitucional-preciso-repensar-deliberacao-stf. Acesso em: 18 jul. 2022.
[100] PASSAGLIA, 2015, p. 2.
[101] Embora a Corte americana utilize o modelo *seriatim*, cabe a advertência que o número de demandas nesta é incomparavelmente menor do ocorre no STF.

nesses sistemas, o colégio judicante empreende esforços concentrados na obtenção de consenso acerca dos fundamentos, deixando-se o resultado em segunda plana, a exemplo da mecânica de julgamentos da Suprema Corte dos Estados Unidos da América do Norte, em que votos são redigidos e circulam nos gabinetes, recebendo aperfeiçoamentos, até que se alcance a maioria sobre base comum claramente enunciada. Também nesses ordenamentos, malgrado tais esforços, há precedentes que exibem vários fundamentos bastantes à conclusão e há precedentes que não têm nenhum. E as técnicas do *distinguishing* e do *overruling*, pois o progresso é tão indispensável no direito, quanto nas outras áreas do saber humano, como se notou há muito tempo, permitem afastar o vínculo para os casos subsequentes. Assim, a Suprema Corte americana alterou radicalmente, na metade do século XX, a vetusta jurisprudência do século anterior. É o que se designa de *stylus iudicandi*".[102]

Isso tudo ocorre em virtude de que não importa apenas "contar votos ou saber quais votos são favoráveis ao provimento do recurso"; mais do que isso, "é necessário decifrar, além do fundamento que determina o alcance da solução ao problema interpretativo enfrentado pelo colegiado, o número de julgadores que a ele adere", tal como explica Marinoni, para, a seguir, aduzir:

> Quando se considera que conclusões majoritárias podem espelhar vários fundamentos, não apenas fica claro que pode não existir uma maioria no colegiado que aprove um único fundamento, como se percebe que a posição de um membro do grupo tem um peso altamente significativo para a definição da *ratio decidendi*. Note-se que, num julgamento proferido por 3 a 2, só há *ratio* se os três votos vencedores afirmarem o mesmo fundamento. Caso um dos três declare fundamento diverso, já não há como individuar *ratio decidenci*. Quer isso dizer que o entendimento de cada um é minimamente decisivo.[103]

Daí por que, como já apontado, inerente o aspecto qualitativo da decisão para vê-la como um precedente.

O fundamento constitucional, objeto do recurso, deve ser bem esclarecido e votado pelo colegiado; é a maioria dos votos do colegiado (seis votos, no caso do STF) sobre esse fundamento que determinará a *ratio decidendi*. É comum na prática judiciária que, embora provido certo recurso, os fundamentos a tanto não coincidam, o que afasta

---

[102] ASSIS, Araken de. *Manual dos Recursos*. 10. ed. São Paulo: Thomson Reuters Brasil, 2021a, p. 340.
[103] MARINONI, 2017, p. 364.

a possibilidade de qualificar o fundamento constitucional decidido como *ratio*. Não se trata, nesses casos, de fundamento majoritário, mas sim concorrente, na acepção que de que concorrem com o argumento principal na definição do recurso.

Portanto, num plano ideal, seria correto que a corte bem esclarecesse e diferenciasse os fundamentos determinantes, os concorrentes e as opiniões divergentes.

No caso de emissão de súmulas vinculantes, por sua vez, o próprio Supremo poderá fazê-lo de ofício, devendo respeitar os requisitos constitucionais do quórum qualificado (dois terços), tendo-se por objeto a validade, a interpretação e a eficácia de normas determinadas, das quais haja controvérsia atual entre órgãos do judiciário ou entre esses e a administração pública, e, concomitantemente, que acarrete grave insegurança jurídica e relevante multiplicação de processos sobre questão idêntica (art. 103-A, CF).

Sem prejuízo, há a possibilidade de que propositura, revisão e cancelamento sejam feitos por provocação de legitimados (Lei nº 11.417/2006), que são os mesmos da ação direta de inconstitucionalidade.

De sua vez, as súmulas constitucionais são incentivadas pelo CPC, remetendo-se a matéria às formalidades do regimento interno dos tribunais (art. 926, §1º).

O processo de formação desses enunciados, que ocorre a partir da jurisprudência assentada do tribunal, bem de ver, não enfrenta as mesmas dificuldades que a decisão judicial vista como precedente apresenta; é que, uma vez proposta de redação da tese, sua aprovação é submetida aos demais pares, que a aprovarão por maioria absoluta em plenário (art. 102, RISTF). Fica claro que, nesses casos, ao contrário dos problemas deliberativos da discussão enquanto precedente judicial, o advento da tese jurídica é facilitado.

Outro aspecto importante, especialmente quanto aos precedentes, diz respeito ao caso julgado e os argumentos submetidos ao contraditório.

Veja-se, por exemplo, a discussão ocorrida no RE 669.069,[104] em que o caso versava sobre recurso da União que defendia que seria imprescritível a pretensão para a reparação referente a dano causado por particular em acidente de trânsito; ao momento do julgamento, o Min. Teori Zavascki, a partir da interpretação do art. 37, §§4º e 5º da CF, ressaltou que a imprescritibilidade da pretensão em razão de danos

---

[104] RE 669069. Relator: Min. Teori Zavascki, Tribunal Pleno, julgado em 03 de fevereiro de 2016.

causados ao erário deveria ocorrer somente para condutas ímprobas ou em condutas caracterizadas como crime contra a administração pública. Esse entendimento, não obstante, não estava em discussão no recurso e teria o condão de fornecer um resultado em que partes e argumentos poderiam ser preteridos, com reflexos no devido processo legal.

Da mesma forma, no RE 573.872/RS,[105] discutia-se recurso da União que se insurgia contra ação de execução provisória de sentença (sem trânsito em julgado, pois) em face do ente estatal, sob a justificativa de que deveria se submeter à sistemática do precatório. Tratava-se de implantação de benefício equivalente à metade do valor da pensão instituída pelo militar decesso, sendo, portanto, obrigação de fazer. O Tribunal, ao final, foi unânime em negar provimento ao recurso, expondo que a sistemática do precatório não se aplicaria a ações de obrigações de fazer e aprovando a seguinte tese: "A execução provisória de obrigação de fazer em face da Fazenda Pública não atrai o regime constitucional dos precatórios".

Pontue-se apenas a proposta de tese de uma das ministras, Carmem Lúcia, que sugeriu: "Não há óbice constitucional ao cumprimento provisório de sentença não transitada em julgado que impõe à Fazenda Pública obrigações de fazer, de não fazer ou de entregar coisa". Chama-se a atenção ao extravasamento da tese fixada relativamente ao discutido no recurso admitido, já que a ministra sugeriu a inclusão das obrigações de não fazer e de entregar de coisa, pontos esses que passaram ao largo do debate processual.

Nessas situações, a decisão não pode ser considerada válida, já que é essencial oportunizar às partes o debate e o contraditório prévios, inclusive nas ações constitucionais – aliás, por motivos até mais importantes, vez que as decisões são naturalmente expansivas, não se limitando estritamente às partes do processo. Exatamente por isso, o art. 10 do CPC deixou evidente que: "o juiz não pode decidir, em grau algum de jurisdição, com base em fundamento a respeito do qual não se tenha dado às partes oportunidade de se manifestar, ainda que se trate de matéria sobra a qual deva decidir de ofício", tratando-se de norma que dá substrato ao contraditório pleno, em sua versão de direito de influir, além de vedar a chamada decisão-surpresa.

Como se vê, trata-se de importante questão relacionada a argumentos submetidos ao contraditório e à habilitação para serem tidos como fundamentos determinantes.

---

[105] RE 573872. Relator: Min. Edson Fachin, Tribunal Pleno, julgado em 24 de maio de 2017.

No caso dos recursos extraordinários, essa questão se reparte tanto no juízo de admissibilidade do recurso (a existência ou não da repercussão geral da *quaestio juris* debatida), como ao momento de se julgar o mérito da ação.[106] É essencial que, num e noutro, as coisas estejam corretamente delineadas e definidas. Daí a razão pela qual a função do relatório no processo deve ser bem equacionada e bem esclarecida pelos ministros.

Em que pese o exposto, a doutrina especializada tem notado, de forma recorrente, que os aspectos fáticos têm sido pouco sublinhados ou mesmo negligenciados em julgamento das Cortes excepcionais:

> A própria divisão estrutural desses julgados revela certo desprezo por detalhes fáticos do caso, para focar quase que exclusivamente no texto normativo e ementas de decisões anteriores. Significa dizer que, embora os fatos possam estar descritos, com maior ou menor detalhamento, no acórdão recorrido, de modo geral não se verifica seu aproveitamento pelo STF e STJ. [...] O STF adota igual procedimento, cujos acórdãos de julgamento de recursos extraordinários com repercussão geral, proferidos no ano de 2019, indicam a falta do exame fático detalhado [exemplifica o autor com os RE 663.696/MG e RE 842.846/SC] ou até mesmo a completa omissão da hipótese fática do caso a ser julgado, para desde logo voltar os olhos à questão jurídica discutida.[107]

Nesse sentido, o RE 635.659,[108] de 2011, cujo desfecho repercutirá em todo o país, decidiu, de forma unânime, haver repercussão geral para o seguinte *thema iuris*:

> Tema 506: Tipicidade do porte de droga para consumo pessoal. Recurso extraordinário, em que se discute, à luz do art. 5º, X, da Constituição Federal, a compatibilidade, ou não, do art. 28 da Lei 11.343/2006, que tipifica o porte de drogas para consumo pessoal, com os princípios constitucionais da intimidade e da vida privada.

Seria, portanto, o caso de reconhecer a constitucionalidade ou não da pena a casos de usuários de drogas que fazem consumo próprio, à luz da lei de drogas.

---

[106] Maiores considerações serão abordadas adiante, Item 3.4.3.
[107] BARIONI, Rodrigo. Precedentes no direito brasileiro: desafios e perspectivas. *Revista de Processo*, São Paulo, ano 45, v. 310, p. 265-291, dez. 2020.
[108] RE 635659 RG. Relator: Min. Gilmar Mendes, Tribunal Pleno, julgado em 08 de dezembro de 2011.

O caso originário, porém, trata-se demanda do juizado especial da cidade de Diadema/SP, dizendo respeito ao porte e uso de 3 gramas de erva de maconha (um específico tipo de entorpecente).

Em que medida é lícito ao tribunal estender a discussão, como se vê da ementa acima, para deliberar sobre uso pessoal de todo e qualquer tipo de entorpecente? Obviamente que há extravasamento do objeto recursal a ser definido no julgamento do mérito subsequente.[109]

Convém, ainda, aprofundar um pouco mais a discussão sobre a forma pela qual são gestadas as súmulas – discussão que repercute no produto da decisão que será mais adiante explorado.

Veja-se a Súmula Vinculante nº 10, de 2018:

> Viola a cláusula de reserva de plenário (CF, artigo 97) a decisão de órgão fracionário de Tribunal que, embora não declare expressamente a inconstitucionalidade de lei ou ato normativo do poder público, afasta sua incidência, no todo ou em parte.

Um dos casos que lhe serviram de base foi o discutido no RE 482.090-1,[110] em que foi dado provimento ao recurso da União a fim de que o feito voltasse ao STJ, vez que esse tribunal afastou aplicação de norma federal no caso concreto sem declaração anterior de sua inconstitucionalidade pelo órgão competente. O mesmo ocorreu no RE 544.246,[111] também mencionado durante a discussão da emissão da SV.

A decisão do STJ seria violadora de cláusula constitucional que exige decisão plenária para declaração de inconstitucionalidade (art. 97, CF), na medida em que, conforme consolidado pela decisão, "reputa-se declaratório de inconstitucionalidade o acórdão que – embora sem o explicitar – afasta a incidência da norma ordinária pertinente à lide para decidi-la sob critérios diversos alegadamente extraídos da Constituição".[112]

---

[109] Questiona-se se a corte pode definir tema tão sensível à sociedade e que certamente ocasionará contraposição por parte do Parlamento, tema esse espinhoso e que ultrapassa os lindes deste estudo, valendo apenas pontuar que, exatamente por isso, vem sendo cada vez mais aceita a tese do diálogo entre os poderes em casos de elevado desacordo moral das questões constitucionais a serem decididas, tais como essa – em contraposição à estrita orientação de vinculatividade absoluta dos precedentes da Corte. Sobre o tema: MARINONI, Luiz Guilherme. *Processo Constitucional e Democracia*. São Paulo: Thomson Reuters Brasil, 2021.

[110] RE 482090. Relator: Min. Joaquim Barbosa, Tribunal Pleno, julgado em 18 de junho de 2008.

[111] RE 544246. Relator: Min. Sepúlveda Pertence, Primeira Turma, julgado em 15 de maio de 2007.

[112] Sobre a reversa de plenário e decisões monocráticas, v. Item 2.1.

Outro RE invocado foi o de nº 319.181,[113] que foi provido na medida em que o acórdão questionado afastava a aplicabilidade de decreto que limitava a comercialização de cigarros no país a apenas 20 unidades por maço, vez que essa limitação violaria a livre iniciativa, sem que fosse decretada a inconstitucionalidade do Decreto.

Como pode ser visto, as discussões anteriores que serviram de inspiração para a emissão da SV nº 10 consistiram na necessidade de obrigar os tribunais, antes de afastarem a incidência de norma, a observar norma processual (e constitucional) referente à reserva de jurisdição plenária para julgamento de inconstitucionalidade de norma.

A questão que se retoma, aqui, é a seguinte: no que consiste, enquanto elemento decisório, o "motivo determinante" da referida súmula?

O CPC, abordando os elementos da sentença, aduz não se considerar fundamentada aquela que "se limitar a invocar precedente ou enunciado de súmula, sem identificar seus fundamentos determinantes nem demonstrar que o caso sob julgamento se ajusta àqueles fundamentos" (art. 486, §1º, V).

Ora, pouco ou quase nada há de se reportar aos casos concretos que lhe serviram de base; a súmula, como sua própria redação dá a indicar, é autossuficiente no que diz ao seu alcance: necessidade de observar a reserva de plenário para afastar lei ou norma aplicável a determinado caso, na medida em seu afastamento equivale à declaração de sua inconstitucionalidade.

Outra súmula vinculante de grande incidência é a de nº 37: "Não cabe ao Poder Judiciário, que não tem função legislativa, aumentar vencimentos de servidores públicos sob o fundamento da isonomia".

A formulação genérica advém de precedentes representativos que tiveram essa conclusão ante diversas situações em que o Judiciário determinava aumento de remuneração sob fundamento da isonomia; deixou-se claro que a matéria é estritamente de ordem legal-legislativa, sendo vedado ao Judiciário substituir a reserva de lei na matéria (art. 39, §1º da CF).

Diversas situações confluíram para a reafirmação, em SV, da antiga Súmula nº 339 do Supremo,[114] basicamente no sentido de prestigiar a separação de poderes, a necessidade de lei para tratar do tema e a orientação de que não pode ser efetivado aumento salarial de servidor

---

[113] RE 319181. Relatora: Min. Ellen Gracie, Primeira Turma, julgado em 21 de maio de 2002.
[114] Súmula 339 do STF, que possui a mesma redação dada à SV nº 10: "Não cabe ao Poder Judiciário, que não tem função legislativa, aumentar vencimentos de servidores públicos, sob fundamento de isonomia".

via ordem judicial – casos, por ex., de servidores civis que pleiteavam reajuste dado por lei a militares (RMS 21662); servidor municipal que visava gratificação por equiparação (RE 637136 DF) etc.

No debate por ocasião da aprovação da súmula, ressaltou-se a importância do enunciado em si, sem maiores considerações sobre casos pretéritos, até porque são os mais diversos, pontuando o Presidente do colegiado, ainda, que:

> o tema albergado pelo enunciado sob encaminhamento revela-se atual e dotado de potencial efeito de multiplicação, porquanto tem se mostrado cada vez mais frequente a necessidade de rememorar às diferentes instâncias judiciais que não cabe ao Poder Judiciário, que não tem função legislativa, aumentar vencimentos de servidores públicos sob o fundamento da isonomia.[115]

Existem reclamações, no entanto, que negam a aplicação do verbete em situações particulares, como o caso de um professor temporário que pleiteou gratificação natalina e férias acrescidas do terço constitucional, tendo seu direito reconhecido, sob o aspecto da isonomia, pelo fato de o professor efetivo ter o direito a 45 dias de férias – aqui, o Supremo decidiu que a súmula não tinha aderência ao caso, pois não se tratou de aumento de remuneração por decisão judicial, mas sim majoração de férias a um único período (RCL 19.720).[116]

O que é importante ressaltar é que não se fazem maiores digressões sobre os casos de origem e suas situações particulares, mas sim a aplicação autônoma do enunciado, fazendo as vezes de legislação exarada pelo tribunal. O mesmo ocorre nas distinções, como exemplificado acima.

Não há, assim, problematização acerca dos anteriores contextos fáticos, dos fundamentos da decisão, majoritários ou concorrentes, bem como das divergências que antecederam o enunciado.

Em sentido similar podem ser as considerações quanto à SV 14:

> É direito do defensor, no interesse do representado, ter acesso amplo aos elementos de prova que, já documentados em procedimento investigatório realizado por órgão com competência de polícia judiciária, digam respeito ao exercício do direito de defesa.

---

[115] BRASIL. Supremo Tribunal Federal (Plenário). *Proposta de Súmula Vinculante 88 DF*. Brasília, DF: STF, 2014. Disponível em: http://www.stf.jus.br/arquivo/cms/jurisprudenciaSumulaVinculante/anexo/SUV_37__PSV_88.pdf. Acesso em: 19 jul. 2022.

[116] RCL 19720 AgR. Relator: Min. Teori Zavascki, Segunda Turma, julgado em 25 de agosto de 2015.

O caráter amplo da súmula pode ser contrastado a partir de precedentes específicos para que se tenha noção de seu alcance, como, por exemplo, o de se vedar o acesso caso existam diligências feitas pelas autoridades que ainda não estiverem concluídas (RCL 10.110);[117] o requerente deve ter sido apontado como efetivo responsável criminal para ter acesso aos autos, no caso de colaboração premiada (RCL 24.116).[118]

Portanto, nesses casos, o motivo determinante das súmulas é a orientação em si e não uma regra jurídica derivada de um caso específico ou de uma *ratio essendi* dissecada de um caso e separada das *dicta* desse julgamento.

Em outras palavras, súmulas representam teses jurídicas, algo diverso do que se entende por *ratio decidendi*. Seu enunciado representa diretriz interpretativa de ordem normativa, cujo alcance pode ser mais bem especificado e esclarecido, em conjunto, a partir de precedentes específicos que lhe relacionam. Porém, seu produto judicial, enquanto resposta judicial às questões que dispõem, pode e deve ser objeto de análise própria.

É o que se passa a expor no tópico mais adiante.

Antes, cabem considerações sobre o ato de publicação da sentença constitucional.

3.2.3 Publicação da decisão

Admitir que o direito judicial é fonte normativa levanta a questão do acesso a essas informações, na medida em que o conhecimento do direito vigente passa a ser tarefa mais difícil.

Assim é que, na tradição americana, o *case law* (o direito dos juízes) é amplamente divulgado nos *case reports*, em que as decisões são compiladas e organizadas por ordem cronológica.[119] Os *cases* são citados a partir do caso e do nome das partes, com o ano da decisão e a Corte responsável, como, por exemplo, caso "*Gutter v Bollinger*, 539 U.S 06 (2003)". Além disso, tradicional e conhecida é a publicação promovida pela *West Publishing Company*.

A questão é relevante uma vez que impacta todas as unidades da federação e o trabalho dos juízes e advogados, fora o fato óbvio

---

[117] RCL 10110. Relator: Min. Ricardo Lewandowski, Tribunal Pleno, julgado em 20 de outubro de 2011.
[118] RCL 24116. Relator: Min. Gilmar Mendes, Segunda Turma, julgado em 13 de dezembro de 2016.
[119] FINE, 2011, p. 57.

que o acesso às fontes é matéria prima essencial para o funcionamento adequado do judiciário.

Como opinam Ugo Mattei e Emmanuele Ariana, a publicação do direito judicial nos países do *common law* em geral caracteriza-se por um critério técnico que fascina e impressiona o observador estrangeiro.[120]

Esse breve panorama é para chamar-se a atenção acerca da questão da publicação dos precedentes e teses jurídicas em nosso sistema, principalmente a partir das reformas do CPC.

Veja-se, por exemplo, a previsão da Lei nº 9.868/1999, que dispõe sobre o processo das ações diretas de inconstitucionalidade e constitucionalidade de leis e atos normativos, segundo a qual, "dentro do prazo de dez dias após o trânsito em julgado da decisão, o Supremo Tribunal Federal fará publicar em seção especial do Diário de Justiça e do Diário Oficial da União a parte dispositiva da União" (art. 28).

Se apenas a parte dispositiva da decisão é publicada, o conhecimento das razões que levaram o órgão julgador à conclusão é dificultado. A publicação, nesses termos, impede o acesso das razões jurídicas ou o raciocínio jurídico empregado para a decisão de inconstitucionalidade. Admitindo-se que são as razões fundantes que vinculam em um precedente, tem-se que o conhecimento apenas da ordem concreta no dispositivo é insuficiente para a noção de seu alcance.

Por sua vez, e nos termos do Regimento Interno do Supremo, verifica-se que a sistemática de divulgação e publicação das decisões ocorre por meio de acórdãos:

> Art. 93. As conclusões do Plenário e das Turmas, em suas decisões, constarão de acórdão, do qual fará parte a transcrição do áudio do julgamento.

A confecção do acórdão fica, em regra, a cargo do relator, que o subscreverá (art. 94, RISTF). A seguir, dispõe-se que "a publicação do acórdão, por suas conclusões e ementa, far-se-á, para todos os efeitos, no Diário de Justiça" (art. 95).[121]

Em recente modificação do RISTF, em julho de 2020, e a fim de lidar-se com a situação relativamente comum de atraso na publicação do acórdão, previu-se que, salvo manifestação contrário do relator, "a publicação do acórdão no Diário de Justiça far-se-á automaticamente quando transcorrido o prazo de sessenta dias desde a proclamação do

---

[120] MATTEI; ARIANA, 2014, p. 169.
[121] Ibidem.

resultado de julgamento" (§1º do art. 95), prevendo-se, ademais, nos parágrafos seguintes, que:

> §2º Nos casos em que não tenham sido liberados pelos respectivos Ministros o relatório, os votos escritos e a revisão de apartes de julgamento, no prazo previsto no §1º, a Secretaria Judiciária fará constar do texto transcrito do julgamento a ressalva de que ele não foi revisto pelo respectivo ministro. (Incluído pela Emenda Regimental nº 54, de 1º de julho de 2020).
> §3º Na hipótese prevista no §2º, *a ementa do acórdão consistirá no dispositivo do voto vencedor.* (Incluído pela Emenda Regimental nº 54, de 1º de julho de 2020).[122]

Somente em casos selecionados por Comissão dentro do Tribunal se publica o inteiro teor no repertório da Revista Trimestral de Jurisprudência, conforme o RISTF:

> Art. 100. Constarão do Diário da Justiça a ementa e conclusões de todos os acórdãos; e, dentre eles, a Comissão de Jurisprudência selecionará os que devam publicar-se em seu inteiro teor na Revista Trimestral de Jurisprudência.[123]

Como se vê, o destaque para a publicação reside basicamente nas ementas e na conclusão a partir dos acórdãos; isso representa barreira, como dito, na obtenção da *opinion* do Tribunal, não só pelo fato de que a publicação é parcial, abarcando tão-somente o acordão da conclusão, sem constar as fundamentações e arrazoados, mas porque o resumo do julgamento pode ser, em parte, alterado pela percepção do relator, que o resume e o elabora.[124]

Importante, igualmente, destacar o histórico papel das súmulas do Supremo, que são compendiadas a partir de sua jurisprudência consolidada (art. 102, RISTF); essas sempre tiveram o papel histórico de resumir a jurisprudência firme do órgão e ainda hoje possuem notório impacto em nossa tradição, estando erigidas no novo CPC como decisões obrigatórias (art. 927, CPC).[125] A publicação dessas é facilitada, na medida em que vazadas em fórmulas sintéticas que resumem a *iurisprudentia* do Supremo.

---

[122] Ibidem (grifo nosso).
[123] Ibidem.
[124] V. Item 3.2.2.
[125] Sobre as súmulas e o produto da decisão judicial como tese jurídica, v. Item 3.4.2.

Nos termos do CPC, há o dever de os tribunais editarem seus enunciados de súmulas a partir da sua jurisprudência dominante (art. 926, §1º).

Por fim, a questão da publicidade, em tempos atuais, é facilitada pela rede mundial de computadores, que possibilita ao Supremo a organização de julgados e sua ampla divulgação, de modo que os problemas da legislação expostos são amenizados por essa ferramenta. Previu-se, assim, no CPC o dever de publicidade e organização de julgados: "Os tribunais darão publicidade a seus precedentes, organizando-os por questão jurídica decidida e divulgando-os, preferencialmente, na rede mundial de computadores" (art. 927, §5º).

Digno de nota são as exposições em formato resumido e de periodicidade semanal dos informativos do STF, divulgados desde 1995, e que apresentam os principais julgamentos realizados pelo órgão.

3.3 O produto da decisão e a questão dos seus efeitos

Convém posicionar este estudo no que diz respeito ao produto da decisão enquanto precedente e a sua eficácia, a partir das reformas normativas analisadas e à luz do sistema processual.

Assim é que é possível classificar dois tipos de precedentes a partir de julgados do STF: os de ordem expansiva e os de ordem vinculante.

Viu-se que o precedente é uma decisão que se baseia numa questão de direito apta a definir a norma jurídica do caso; ora, o caso julgado pelo Supremo, dada a condição de Corte de Vértice, isto é, vocacionada a definir a interpretação da Constituição, uma vez preenchidos certos requisitos qualitativos (nomeadamente, o respeito ao contraditório e a adoção ou referendo do fundamento determinante pelo colegiado), deve ser visto como um precedente naturalmente expansivo, cuja carga de eficácia se espraia no sistema jurídico, passando a compô-lo, vez que parte do direito vigente – lembrando que Judiciário e Legislativo são copartícipes na criação do direito vigente.[126]

Nesse sentido, o presente estudo afasta-se de opiniões como a de Alexandre Freitas Câmara, que defende a distinção entre padrões decisórios vinculantes daqueles padrões decisórios persuasivos ou argumentativos. Critica o autor que a doutrina brasileira se atenta apenas para o conceito de precedente e o seu modo de aplicação, sem

---

[126] MODUGNO, 2012, p. 262.

maiores preocupações acerca do processo de sua formação. Referindo-se aos incisos do art. 927 do CPC, anota que "nem tudo o que consta dessa enumeração legal pode ser tratado como dotado de eficácia vinculante".[127] Nesse sentido, e no que diz respeito ao STF, apenas os pronunciamentos decorrentes de decisões em controle de constitucionalidade (inciso I), os enunciados de súmula vinculante (inciso II) e em julgamento de recursos extraordinários repetitivos (III) teriam tal eficácia. Isso ocorre em razão "do modo como, para a formação de cada um desses padrões decisórios [...], se desenvolve o contraditório".[128]

Para o autor, serão dotadas de eficácia vinculante aquelas decisões cujos procedimentos observam o contraditório subjetivamente ampliado, com previsão expressa de participação de *amicus curiae* e realização de audiência pública[129] em seus regramentos; somente desse modo teriam aptidão para alcançar pessoas que não foram partes do processo em que construídos os ditos padrões decisórios, garantindo-se, assim, a legitimidade democrática das referidas orientações.[130] Também defende que haja uma deliberação qualificada pelo órgão julgador, "com análise de todos os argumentos trazidos por esses atores processuais, e com efetiva colegialidade, de modo a permitir a identificação dos fundamentos determinantes do padrão decisório",[131] vale dizer, sua *ratio decidendi*.

Não são claras suas conclusões acerca do que consistiriam as mencionadas eficácias vinculantes e argumentativas:

> Perceba-se, então, o que acontece quando existe um padrão decisório vinculante e quando há padrão decisório não vinculante: fixado o padrão decisório vinculante (por exemplo, um enunciado de súmula vinculante), caberá ao órgão jurisdicional vinculado confrontar as cir-

---

[127] CÂMARA, Alexandre Freitas. *Levando os padrões decisórios a sério*. São Paulo: Atlas, 2018, p. 181.
[128] Ibidem, p. 181.
[129] Ibidem, p. 185.
[130] Consoante argumenta: "só terão eficácia vinculante as decisões formadas em procedimentos em que existam, expressamente, previsões normativas destinadas a regulamentar a participação de *amici curiae*, a realização de audiências públicas e a participação de outros interessados para conferir legitimidade constitucional à previsão expressa da eficácia vinculante das decisões ali proferidas. Nesses casos, o padrão decisório que tenha formado é [...] o fruto de um processo que se desenvolve mediante uma comparticipação ampliada subjetivamente que a qualifica. As outras decisões judiciais (ou enunciados de súmula) poderão, no máximo, funcionar como precedentes argumentativos (ou persuasivos), uma vez que a ampliação do contraditório nesses casos *pode acontecer*, mas não acontece *necessariamente*" (Ibidem, p. 2203-2204).
[131] Ibidem, p. 267-268.

cunstâncias do caso que deu origem àquele padrão decisório com as do caso posteriormente submetido à apreciação. Sendo análogas tais circunstâncias, o novo caso será necessariamente decidido com aplicação dos mesmos fundamentos determinantes do padrão decisório já fixado (ainda que haja, sobre a matéria, argumentos novos, que o tribunal responsável pela criação do padrão decisório vinculante jamais tenha apreciado). Ao órgão jurisdicional só será possível afastar-se do padrão decisório vinculante quando ficar demonstrado que os casos são diferentes (distinção ou *distinghishing*) ou que o próprio tribunal responsável pela edição do padrão decisório vinculante já não o aplica mais (superação ou *overruling*). Já no caso de se ter um padrão decisório não vinculante (como os enunciados de súmulas do STF em matéria constitucional [...], será legítimo que o órgão jurisdicional a que se tenha submetido caso posterior, demonstrando na fundamentação do julgado que está a valer-se de um argumento não examinado quando da fixação do padrão decisório e, portanto, com ele dialogado necessariamente, afasta-se dos fundamentos determinantes daquele padrão decisório e decida de modo diverso.[132]

Confusas as orientações, pois não há como concluir que somente decisões que tenham expressas previsões em seus regramentos de participação de terceiros, *amicus curiae* e possibilidade de audiência pública tenham eficácia vinculante. Não se pode, por uma interpretação específica do alcance do princípio do contraditório, afirmar que o sistema faça essa distinção.

A eficácia da decisão do Supremo para os demais órgãos do judiciário não decorre da forma como o processo foi discutido ("com participação subjetivamente ampliada"), mas por ter sido emanada do tribunal responsável pela "guarda da Constituição" (art. 102, CF), independentemente do meio processual que o levou à discussão jurídica, exarada em sua composição plena, desde que respeitados aspectos qualitativos. As orientações daí decorrentes, como acima exposto, são naturalmente expansivas, isto é, de orientação obrigatória no âmbito do Judiciário.[133]

---

[132] CÂMARA, 2018, p. 284-285.
[133] Ademais, não há nenhuma utilidade, por exemplo, em se admitirem terceiros ou amigos da corte quando se debate uma ação direta de inconstitucionalidade que questiona uma inconstitucionalidade formal por falha em seu processo legislativo, como a iniciativa de projeto de lei. Nesses casos, poder-se-ia negar o efeito vinculante da decisão que acolhe o pedido, mesmo que exarada numa discussão em Recurso Extraordinário ou, da mesma forma, um mandado de segurança que fixe orientação sobre determinado assunto relevante de direito administrativo não poderia funcionar como precedente vinculante em razão da ausência de terceiros? A resposta obviamente é negativa. Ressalte-se que o CPC previu

Cabe lembrar, nas palavras de Humberto Theodoro Júnior, que:

> Historicamente, não repugna à tradição de nosso processo civil remédios de uniformização pretoriana da interpretação e aplicação da lei, com efeitos perante a outros litigantes, além dos figurantes no processo em que se promoveu o incidente.[134]

Exemplifica o autor com os incidentes de declaração de inconstitucionalidade de lei ou ato normativo do Poder Público (emendas das Leis 9.756/1998 e 9.868/1999 ao CPC/73) e o incidente de uniformização de jurisprudência, que, uma vez decidido pelo Tribunal, com oitiva do Ministério Público, erigia súmula que sintetizava a uniformização da jurisprudência. Nesses casos, sempre foi aceita a eficácia obrigatória dos julgados perante terceiros sem que se cogitasse de suas ilegitimidades procedimentais.

A noção do autor de eficácia persuasiva é problemática: embora reconheça que nos demais casos de pronunciamento do pleno do tribunal a abertura para participação de interessados possa ocorrer, não seria viável, porém, "exigir que antes de um emprego de um padrão decisório como esses se exigisse dos sujeitos do processo posterior que pesquisassem o modo como se desenvolveu o procedimento" da decisão de tal modo a cotejar-se, em concreto, se nesta fora dada "oportunidade de expansão do contraditório capaz de legitimar constitucionalmente a eficácia vinculante do padrão decisório que se tenha formado".[135]

Nesses casos, argumenta, o juízo posterior deve levar o padrão decisório persuasivo em conta, mas poderá dele se afastar "quando

---

a abertura ampla para as hipóteses de participação de *amicus curiae* em processos judiciais, podendo esses serem solicitados ou admitidos pelo juiz ou relator ou mesmo requerido pelas partes, levando-se em conta "a relevância da matéria, a especificidade do tema objeto da demanda ou a repercussão social da controvérsia" (art. 138). De outro lado, não há por que negar eficácia expansiva em matérias que o Supremo discuta teses jurídicas, mesmo que exaradas em *habeas corpus*, mandado de segurança, ações cíveis originárias, recursos extraordinários e decisões em geral outorgadas de seu plenário, sem que haja qualquer participação de terceiros interessados, além das partes do processo. Não há nenhuma garantia de que a decisão será pior ou melhor por permitir ou não uma abertura procedimental de terceiros ou audiência pública, tampouco, ao que parece, a noção de democracia há de ser traduzida no processo como a necessidade de previsão dessa abertura.

[134] THEODORO JÚNIOR, Humberto. Jurisprudência e precedentes vinculantes no novo Código de Processo Civil: demandas repetitivas. *Revista de Processo*, São Paulo, ano 41, v. 255, p. 359-372, maio 2016.

[135] CÂMARA, 2018, p. 283. Parece que o autor, aqui, se contradiz, já que no início do trabalho estabelece como premissa a importância do processo de formação do padrão decisório e, ao tentar conceituar o que seria padrão argumentativo, aduz pela desnecessidade do juízo posterior pesquisar esse mesmo modo de formação do padrão.

demonstrar que a nova decisão é baseada em argumentos não explorados quando da fixação do padrão decisório" no tribunal superior; assim, haveria um "legítimo novo capítulo do romance em cadeia que se produz por pronunciamentos que respeitam a história institucional da matéria que vem de ser decidida".[136]

Não obstante, o autor não fornece exemplo prático do que seria se afastar de decisão anterior com base em "novo argumento" não explorado no padrão decisório, e, embora negue, tais hipóteses mais se assemelham à distinção do caso concreto ao paradigma levado em conta. De igual modo, inúmeros argumentos poderiam ser levantados para justificar o afastamento das decisões precedentes, uma vez que o direito é ciência argumentativa, o que resultaria em anarquia interpretativa e esvaziaria o desiderato emanado no art. 926 do CPC, segundo o qual "os tribunais devem uniformizar sua jurisprudência e mantê-la estável, íntegra e coerente".

Para Luiz Guilherme Marinoni, as decisões do Supremo, tratando-se de "interpretação da Constituição", têm eficácia que "deve transcender ao caso particular, de modo que os seus fundamentos determinantes sejam observados por todos os tribunais e juízes nos casos futuros", daí por que a "não observância das decisões do Supremo Tribunal Federal debilita a força normativa da Constituição",[137] sejam elas emitidas em controle difuso ou concentrado; são precedentes obrigatórios cujos motivos determinantes vinculam o Judiciário, uma vez que adotados pela maioria dos membros.

Daniel Mitidiero vê na função do Supremo Tribunal Federal algo diverso do que ocorre com as demais Cortes de Justiça; como o primeiro corte de precedentes, deve atuar de forma prospectiva, para outorgar unidade do direito ao interpretá-lo, a fim de "guiar as futuras decisões de Cortes de Justiça, dos juízes a elas vinculados, da Administração Pública e o comportamento de toda a sociedade civil".[138]

O autor segue expondo que os precedentes, emanados das Cortes Supremas, são sempre obrigatórios ou vinculantes, do contrário "poderiam ser confundidos como simples exemplos",[139] pontuando ainda que "a autoridade do precedente é a própria autoridade do direito interpretado e a autoridade de quem o interpreta", para, adiante, concluir:

---

[136] Ibidem, p. 285.
[137] MARINONI, 2010, p. 459.
[138] MITIDIERO, 2018. p. 85.
[139] Ibidem, p. 93.

A força vinculante do precedente judicial não depende, portanto, de uma manifestação específica do direito positivo. É consequência de uma determinada concepção a respeito do que é o Direito e do valor que deve ser reconhecido à interpretação. A vinculação ao precedente resulta, pois, da consideração do ordenamento jurídico como um todo e, especialmente, do valor que deve ser dado à liberdade, à igualdade e à segurança jurídica. Isso quer dizer que a vinculação ao precedente não existe apenas nos casos em que determinada regra de direito positivo reconhece eficácia normativa geral às razões que se encontram à base de certas decisões judiciais – como ocorre com o art. 927 do CPC. O precedente, uma vez formado, integra a ordem jurídica como fonte primária do Direito e deve ser levado em consideração no momento da identificação da norma aplicável a determinado caso concreto.[140]

Como se vê, esses autores defendem que iguais eficácias possuem quaisquer decisões do Supremo que firmem precedentes, na medida em que essa obrigatoriedade residiria na qualidade mesma da decisão e de esta funcionar como fonte do direito, aliada à posição institucional do Supremo.

Embora não se negue que haja efeito expansivo para todos os casos em que se fala de precedente judicial do STF, esse estudo se afasta da posição que identifica os efeitos para todos os casos: se é verdade que a força vinculante não dependeria de manifestação expressa do direito vigente, não se desconsidere que o mesmo direito positivo outorgou diferentes graus de obrigatoriedade para tais decisões, pelo o que não se pode desconsiderá-lo. Ademais, é preciso distinguir-se o precedente da tese jurídica, diferenciação que será objeto de aprofundamento mais à frente.

3.3.1 Os graus de eficácia: precedentes expansivos x precedentes vinculantes

Assim, independentemente de estarem previstos no rol do art. 927, os precedentes vinculam relativamente as suas *rationes decidendi*. Se há precedente da Corte, não importa o meio processual em que exarado (*habeas corpus*, mandados de segurança, mandados de injunção e outros), mas sim a qualidade da decisão que, esclarecendo o alcance do direito vigente, obriga os demais juízes. Não se pode excluir a qualidade de precedente pelo fato de não constar no referido rol e, de outro lado,

---

[140] Ibidem, p. 86.

nem sempre a decisão exarada nos processos referentes nos incisos do art. 927 pode ser vista, materialmente, como precedente. A esses casos, pois, esta tese adota a nomenclatura de precedentes expansivos.

Ao lado dos precedentes expansivos, é possível elencar os precedentes vinculantes – esses são precedentes expansivos que, pelo sistema do Código, possibilitam a abertura da via da reclamação para que decisões que os desrespeitem sejam cassadas de forma célere. Assim, parece ter agido o legislador valer-se do binômio "vinculação-reclamação"; do ponto de vista qualitativo, a gravidade do tema e o conflito interpretativo resolvido são de tal magnitude que é necessário um instrumento processual específico para revisá-los.[141]

Nesse sentido, são vinculantes os precedentes em decisões em controle de constitucionalidade (art. 102, I, a, CF), e os que podem ensejar, quando violados, a reclamação ao Supremo (art. 988, CPC).

A súmula vinculante também possui força obrigatória que a qualifica; mas é preciso lembrar que súmula não é um precedente. É possível afirmar que são extratos vinculantes relativamente à interpretação/especificação dada ao sistema jurídico, produto judicial que este trabalho denomina tese jurídica.

Daí por que outra distinção deve ser ressaltada, vislumbrando-se que a decisão judicial pode fornecer, como produto, precedentes judiciais e teses jurídicas, sendo possível diferenciá-los, conforme exposto a seguir.

3.3.2 O conteúdo da decisão: *ratio decidendi* x teses jurídicas

É possível distinguir o produto da decisão em precedente e tese judicial. A *ratio decidendi* é o elemento que vincula no precedente; ela pode ser vista como a essência da decisão, o fundamento direto e determinante, exarado a partir dos fatos relevantes do caso. Sob o aspecto analítico, expõe Cruz e Tucci, três são os elementos que a compõem: "a) a indicação dos fatos relevantes (*statement of material facts*), b) o raciocínio lógico-jurídico da decisão (*legal reasoning*) e c) o juízo decisório (*judgement*)",[142] distinguindo a *ratio* da *dictum* ou dos

---

[141] Cf. MAROCCO; COSTA, 2019.
[142] TUCCI, Rogério Cruz e. Parâmetros de eficácia e critérios de interpretação do precedente judicial. *In*: WAMBIER, Tereza Arruda Alvim (coord.). *Direito jurisprudencial*. São Paulo, Revista dos Tribunais, 2012, p. 123. Explica ainda o autor, no que diz respeito à interpretação da *ratio* da decisão: "Para a correta inferência da *ratio decidendi*, propõe-se uma

argumentos ditos de "passagem", não essenciais, pois, à conclusão do julgado.

É que, em muitos casos, não é adequada a qualificação de precedente para a decisão que fixa interpretação a partir de dúvidas do sistema jurídico, situação comum na realidade brasileira e em decisões do Supremo em que a tese se espraia de maneira que o caso concreto seja prescindível para sua aplicação, funcionando, pois, como extrato normativo relativamente autônomo.

Para exemplificar, citam-se algumas súmulas constitucionais recentes do Supremo.

A Súmula 736 aduz que: "Compete à Justiça do Trabalho julgar as ações que tenham como causa de pedir o descumprimento de normas trabalhistas relativas à segurança, higiene e saúde dos trabalhadores".

Como se nota, o Tribunal fixou diretriz interpretativa de ordem geral, consistente na amplitude da competência da justiça do trabalho, a partir do art. 114 da CF. Interessantes são os casos concretos colacionados para o advento da súmula: o primeiro deles, o RE 213.015,[143] tratava da legitimidade do Ministério Público em promover ação civil pública trabalhista de interesses que não possuíssem natureza coletiva ou, mais especificamente, se o caso concreto poderia ser visto como de interesse individual ou coletivo; já o segundo, o RE 206.220,[144] relacionado a conflito de competência que conferia à Justiça Comum a competência para julgar ação civil pública em face de condições de trabalho na rede bancária em determinada municipalidade (Juiz de Fora), tendo o Supremo firmado a competência da justiça laboral para tanto. Essa última decisão, bem se vê, mais se relaciona ao enunciado sumular, ao tratar dos aspectos da competência da justiça do trabalho.

De qualquer forma, o que importa é que a tese fixada, de ordem interpretativa, tem o condão de reduzir a indeterminação jurídica do alcance do art. 114 da CF (competência constitucional da justiça do trabalho), não sendo tão importante perquirir o caso concreto da ação que visava melhores condições aos bancários do município de Juiz de Fora.

---

operação mental mediante a qual, invertendo-se o teor do núcleo decisório, se indaga se a conclusão permaneceria a mesma, se o juiz tivesse acolhido a regra invertida. Se a decisão ficar mantida, então a tese originária não pode ser considerada *ratio decidendi*; caso contrário a resposta será positiva" (Ibidem, p. 124).

[143] RE 213015. Relator: Min. Néri da Silveira, Segunda Turma, julgado em 08 de abril de 2002.
[144] RE 206220. Relator: Min. Marco Aurélio, Segunda Turma, julgado em 16 de março de 1999.

Essa assertiva se comprova pela atuação do Supremo; recentemente, no ARE 1221624 AgR,[145] em 2019, o recorrente defendia a inaplicabilidade da CLT e a incompetência da justiça do trabalho para julgar caso envolvendo questão de segurança e vigilância em agências bancárias. O Supremo apenas consignou que o acórdão recorrido envolvia desdobramentos de relação de trabalho, "uma vez que o tema relacionado à segurança bancária se refere a interesse coletivo, cuja natureza é afeita à segurança e prevenção do ambiente de trabalho"; portanto, o caso estava de acordo com o entendimento fixado na Súmula 736, embora o recorrente fizesse a distinção entre "segurança pública" e "segurança contra assaltos" de "segurança do trabalho".

Mesma é a situação da Súmula 734: "Não cabe reclamação quando já houver transitado em julgado o ato judicial que se alega tenha desrespeitado decisão do Supremo Tribunal Federal". Esse extrato sumular poderia ser confundido com artigo do Código de Processo, o que, de fato, ocorreu: o Novo CPC, adotando esse entendimento jurisprudencial, previu que "é inadmissível a reclamação: I – proposta após o trânsito em julgado da decisão reclamada" (art. 988, §5º, I).

Portanto, é possível a distinção dos produtos judiciais entre teses jurídicas e *ratio decidendi*; ou melhor, o fundamento determinante equivale à *ratio decidendi* nos casos de precedente judicial e se confunde com a tese jurídica quando o caso assim o dispor. Essa afirmação encontra eco no próprio CPC, ao diferenciar as categorias das súmulas, precedentes e jurisprudência. Portanto, o produto judicial pode oferecer tese jurídica e é isso que ocorre normalmente às súmulas.

Em que pese a simplicidade desta conclusão, visto que a súmula vem de longa data, trata-se de questão não notada pela doutrina; a tradição de emissão de teses jurídicas acabou por se expandir, passando elas a serem formadas não apenas em formato sumular, mas, e principalmente, no bojo de outros tipos de julgamentos, inclusive recursos extraordinários e decisões em controle concentrado.

Teses jurídicas são teses interpretativas que esclarecem ou resolvem dúvidas interpretativas do ordenamento jurídico; o caso concreto serve de guia para se levar a *quaestio iuris* a julgamento, mas seu produto possui aplicação distinta do precedente, às vezes de forma desvinculada dos fatos de alguns dos casos paradigmas que lhe serviram de base.

Também podem surgir a partir da jurisprudência assentada do Supremo, caso em que se fala em tese de súmulas constitucionais ou

---

[145] ARE 1221624 AgR. Relator: Min. Luiz Fux, Primeira Turma, julgado em 25 de outubro de 2019.

emitida na forma do art. 103-A da CF, como súmulas vinculantes, sobre a validade, eficácia e interpretação de normas em matéria constitucional.

As teses podem ser sacadas de julgamentos de recursos extraordinários, ações de constitucionalidade e outras, casos em que são categorizadas como enunciados normativos de ordem geral (ligadas, porém, ao caso da qual são derivadas) ou podem ser fórmulas que resumem a *ratio decidendi* do(s) caso(s) julgado(s).

Em termos de teoria do direito, reputa-se que as teses encontram guarida na indeterminação do sistema jurídico enquanto ordem objetiva, considerando-se o direito como duplamente indeterminado em seu aspecto abstrato e concreto.[146] É, assim, coerente falar-se em produtos judiciais que tratem dos dois aspectos e interajam entre si para maior cognoscibilidade do direito vigente.

Embora o CPC aduza, quanto à edição de súmulas, que os tribunais devem ater-se "às circunstâncias fáticas dos precedentes que motivaram sua criação" (art. 926, CPC), nada diz acerca do âmbito de aplicação após a criação dos enunciados – e, como visto, é comum que funcionem para além dos casos paradigmas que lhe serviram de base para julgamento.[147]

É lógico, por outro lado, que a interpretação dessas teses deve ser feita a partir da jurisprudência reiterada do Supremo sobre o assunto versado, o que lhe restringe as possibilidades hermenêuticas. O ponto é ter ciência de que a tese jurídica pode ser vista como produto-judicial autônomo, possuindo relevante função no sistema.

Há desdobramentos práticos nessa conclusão, especificamente no que diz respeito à distinção ou *distinghishing*.

Possuindo esses produtos judiciais campo de aplicação diverso, a distinção de um caso particular relativamente ao enunciado pode variar em comparação com o processo de cotejo entre o caso e um precedente, o que depende, sobretudo, do conceito e abrangência de *ratio decidendi* que se adote. Talvez seja correto aduzir que a questão que envolve o problema da aplicação de teses reside em seu âmbito de incidência, amplo, similar (mas não igual) à da norma legal; já no precedente, sendo norma concreta contrastada a um caso específico, possui aplicabilidade que dependerá da analogia entre os casos, sendo tarefa da distinção (*distinguishing*) a operação a se preocupar para o afastar do caso.

---

[146] GUASTINI, 2011.

[147] Como lembra Humberto Theodoro Júnior, "ao sumular a jurisprudência, os tribunais deverão elaborar enunciados que evitem assertivas excessivamente genéricas [...]" (THEODORO JÚNIOR, 2016).

Para Rodrigo Barioni, "a *ratio decidendi*" de um precedente seria "mais ampla do que as teses jurídicas", explicando que "a tese jurídica representa apenas uma hipótese de incidência da *ratio decidendi*, ou seja, um campo de certeza que permite destacar uma situação fática precisa que seguramente se encontra no âmbito do regramento do precedente".[148] Essa assertiva, porém, é lícita se se adotar determinada concepção de *ratio* que seja abrangente a tanto.

Já Ugo Mattei e Emmanuele Ariana, abordando sobre a doutrina clássica do precedente, expõem que a *ratio decidendi* contém uma *legal rule* mais restrita que o preceito normativo ao qual o jurista do *civil law* é acostumado, na medida em que, mesmo que a abstraindo e a generalizando, é intimamente ligada à situação de fato que lhe originou.[149]

Corretas, nesse sentido, as considerações de Rodolfo Mancuso, que, embora se referindo especificamente às súmulas vinculantes, podem ser abrangidas para o conceito empregado de tese jurídica:

> [...] enquanto a norma legal se exterioriza num comando que pressupõe uma prévia interpretação (mesmo a *clareza* da lei precisa ser demonstrada...), já a interpretação da súmula resta facilitada, por isso que ela – ao contrário da lei, que provém do ambiente dialético-majoritário do Parlamento – deriva de um longo processo de decantação de muitos julgados uniformes, prolatados sobre um mesmo tema, restando ao juiz do caso concreto, basicamente, duas operações: (i) apreender a exata compreensão e extensão do enunciado, ou seja, sua vera inteligência; (ii) aferir se o caso concreto nele está subsumido, para, conforme o caso, aplicar ou não a súmula (sim, porque aplicar indevidamente a súmula é, também, um modo de...descumpri-la, ficando a decisão equivocada sujeita à cassação pelo STF).[150]

E prossegue:

> Enquanto no processo de formação da norma suas fontes substanciais, ou seus *insumos*, consistem nos fatos socialmente relevantes, de natureza econômica, social, política, cultural, já na formação da súmula, seus componentes são os iterativos e consonantes julgados do STF sobre uma dada matéria. Uma vez aperfeiçoadas em sua formação, porém, a partir daí tanto a norma como a súmula se nivelam no *modus* em que vêm aplicadas aos casos concretos, já que ambas operam por um processo lógico-dedutivo, que *desce* do geral (o enunciado, *normativo* ou *sumulado*)

---

[148] BARIONI, 2020, p. 274.
[149] MATTEI; ARIANA, 2014, p. 157.
[150] MANCUSO, 2013, p. 381.

para o particular, resolvendo a espécie. Nos dois casos o resultado deve ser um só: o tratamento isonômico devido aos destinatários, diretos e indiretos.[151]

De qualquer forma, no sistema convivem os precedentes e as teses jurídicas como produtos judiciais da Corte Suprema. Devem ser diferenciadas, já que a confusão das palavras acarreta a confusão das coisas ou, como adverte Hohfeld, as palavras "camaleônicas" constituem um perigo ao esclarecimento do pensamento e à formulação lúcida das expressões.[152]

A partir do levantamento de dados, chegou-se à conclusão que a tese jurídica pode ser vista como produto judicial próprio, que possui até proeminência na Corte Suprema; o conceito abrange não só as fórmulas tradicionais sacadas por meio de súmulas,[153] mas as conclusões e resumos chamados de teses pelo STF no julgamento de variadas ações, nomeadamente o Recurso Extraordinário (cujo crescente processo de objetivação possibilitou-lhe assumir uma nova função em nosso sistema)[154] e mesmo as ações concentradas de constitucionalidade.[155]

Múltiplas são as funções exercidas pela tese jurídica no Supremo; sua natureza, porém, pode ser reconduzida à função de redução da indeterminação jurídica da ordem objetiva do sistema jurídico, enquanto o precedente judicial, de sua vez, atua na redução da indeterminação do sistema jurídico *in concreto*, embora a sua fórmula jurídica possa ser abstraída para casos semelhantes, o que variará conforme o conceito de *ratio decidendi* empregado.

É essencial teorizar-se sobre o papel da tese jurídica em nosso aparato judicial. Sob o aspecto da validade, a emissão de teses em súmulas deve respeitar os requisitos legais (se vinculante, aprovada por dois terços dos membros e publicada em imprensa oficial; no caso de simples, aprovada por maioria na forma do RISTF); já as teses formadas a partir de julgamentos devem constar no acórdão aprovado pelo colegiado, por maioria, e publicadas.

Como será visto, a utilização de teses jurídicas a partir de julgamentos tem sido constante, até porque há maior facilidade de

---

[151] MANCUSO, 2013, p. 381.
[152] HOHFELD, Wesley Newcom. *Conceptos jurídicos fundamentales*. Tradução de Genaro R. Carrió. Buenos Aires: Centro editor de América Latina, 1968, p. 46.
[153] V. Item 3.4.2.
[154] V. Item 3.4.3.
[155] V. Item 3.4.1.

aprovação de enunciado único de "extrato-resumo" do julgamento, diferentemente do que ocorre com a *ratio decidendi* do precedente, que, para compreensão, pressupõe a distinção da fundamentação de cada voto, no sentido de concluir se o fundamento determinante ocorreu por maioria do colegiado, a par dos fundamentos concorrentes e dos fundamentos minoritários.

As teses jurídicas podem ser evidenciadas em decisões em controle concentrado (ADI, ADC, ADPF, ADO), recursos extraordinários, súmulas vinculantes e súmulas constitucionais e, também, a partir de julgamentos de ações outras de competência do STF. Esse produto não se restringe a procedimentos pré-determinados, como equivocadamente se poderia supor.

Outrossim, as teses de julgamento são constitucionais: são atos jurisdicionais que se ligam, em sua origem, diretamente aos casos e julgamentos firmados em contraditório no Supremo; sua emissão pressupõe observância dos requisitos de validade e que o debate antecedente tenha cumprido o devido processo legal, além do que podem ser modificadas assim como os precedentes o podem. Portanto, dentre outros motivos, não são como os assentos portugueses, julgados inconstitucionais pelo Tribunal Constitucional Português por serem "doutrina com força obrigatória geral" e com carácter de imutabilidade.[156]

Essa hipótese é ponto central neste estudo e se aparta de boa parte do que apregoam os estudiosos do tema.[157]

---

[156] PORTUGAL. Tribunal Constitucional. Acórdão 810/93: a questão da inconstitucionalidade da norma do art. 2. do Código Civil – O instituto dos assentos. *Polis:* Revista de Estudos Jurídico-Políticos, v. 1, p. 115-157, 1994. Disponível em: http://repositorio.ulusiada.pt/handle/11067/4837. Acesso em: 19 jul. 2022.

[157] Consoante levantamento no periódico de maior circulação e frequência relacionado a temas do processo civil brasileiro, *Revista de Processo*: VASCONCELOS, Ronaldo; CARNAÚBA, César. Agravo interno e a decisão monocrática fundada em precedente vinculante: entre a farra, o arbítrio e a prudência. *Revista de Processo*, São Paulo, v. 293, p. 219-248, jul. 2019; YOSHIKAWA, Eduardo Henrique de Oliveira. Decisão per incuriam e respeito aos precedentes no processo civil brasileiro. *Revista de Processo*, São Paulo, v. 293, p. 319-380, jul. 2019; JORGE, Flávio Cheim; SANTANNA, Vinícius. Fundamentação das decisões judiciais: razões, interações com outras garantias, requisitos mínimos e controle. *Revista de Processo*, São Paulo, ano 45, v. 302, p. 89-110, abr. 2020; VIEIRA, Gustavo Silveira. Teoria da interpretação e precedentes no CPC/15: a fundamentação como standard de racionalidade estruturante e condição de possibilidade para discursos de aplicação. *Revista de Processo*, São Paulo, ano 43, v. 284, p. 399-423, out. 2018; OLIVEIRA, Bruno Silveira de. O sistema de pretensões repetitivas: entre a justiça formal e a razoável duração dos feitos (uma análise do prazo de suspensão de demandas e de recursos repetitivos no Código de Processo Civil). *Revista de Processo*, ano 43, v. 284, p. 319-330, out. 2018; NUNES, Dierle; FREITAS, Marina Carvalho. A necessidade de meios para superação dos precedentes. *Revista de Processo*, São Paulo, ano 43, v. 281, p. 433-489, jul. 2018; CORREA, Rafael Motta. O sistema de provimentos vinculantes do CPC/15 e o dever de manutenção da jurisprudência uniforme,

Na maioria dos casos a preocupação reside na conceituação de *ratio decidendi*, à luz dos clássicos anglo-americanos do *common law*, e a tentativa de adaptá-lo ao direito brasileiro, especialmente para o fim de vinculação, sem que se discriminem os produtos da decisão judicial. É comum, ainda, afirmar-se que, no conceito de precedente judicial, abrangem-se súmulas, decisões pretéritas e mesmo súmulas vinculantes.

De outro lado, há os que negam a constitucionalidade das normas do CPC. Délio Mota de Oliveira Júnior, por exemplo, entende ser sinônimos precedentes e teses jurídicas, defendendo que, na formação

---

estável, íntegra e coerente. *Revista de Processo*, São Paulo, ano 43, v. 281, p. 491-520, jul. 2018; ABBOUD, Georges; VAUGHN, Gustavo Favero. Notas críticas sobre a reclamação e os provimentos judiciais vinculantes do CPC. *Revista de Processo*, São Paulo, ano 44, v. 287, p. 409-441, jan. 2019; OLIVEIRA JÚNIOR, Délio Mota de. Teoria brasileira dos precedentes judiciais e o argumento novo, não considerado na formação da tese jurídica. *Revista de Processo*, ano 43, v. 280, p. 379-402, jun. 2018; MACÊDO, Lucas Buril de. Autorreferência como dever de motivação específico decorrente do stare decisis. *Revista de Processo*, São Paulo, ano 43, v. 282, p. 411-433, ago. 2018; MARÇAL, Felipe Barreto. Contraditório, fundamentação e técnica de julgamento colegiado: violação do contraditório (e ao dever de fundamentação), da isonomia, da previsibilidade e da segurança jurídica com o sistema de "votação global". *Revista de Processo*, São Paulo, ano 44, v. 290, p. 247-275, abr. 2019; THEODORO JÚNIOR, Humberto. Jurisprudência e precedentes vinculantes no novo Código de Processo Civil: demandas repetitivas. *Revista de Processo*, São Paulo, ano 41, v. 255, p. 359-372, maio 2016; GAJARDONI, Fernando da Fonseca; LEITE, Sofia Ribas Ortigosa. Os precedentes no CPC/2015 e a tendência de uniformização da jurisprudência: estudo de caso, análise de julgados e perspectivas positivas. *Revista de Processo*, São Paulo, ano 45, v. 298, p. 271-292, dez. 2019; CÂMARA, Alexandre Freitas; MARÇAL, Felipe Barreto. Repensando os dogmas da publicidade e do sigilo na deliberação na justiça brasileira. *Revista de Processo*, São Paulo, ano 45, v. 299, p. 43-68, jan. 2020; ALVIM, Eduardo Arruda; CARVALHO, Vinícius Bellato Ribeiro de. Precedentes formados no julgamento de recursos repetitivos como instrumento de mitigação da crise do judiciário e da dispersão jurisprudencial. *Revista de Processo*, São Paulo, ano 44, v. 295, p. 299-329, set. 2019; ALVES, Francisco Glauber Pessoa. Fundamentação no novo Código de Processo Civil. *Revista de Processo*, São Paulo, ano 41, v. 253, p. 57-108, mar. 2016; WOLKART, Erik Navarro. Precedentes no Brasil e cultura: um caminho tortuoso, mas, ainda assim, um caminho. *Revista de Processo*, São Paulo, ano 40, v. 243, p. 409-434, maio 2015; MARINONI, Luiz Guilherme. Julgamento Colegiado e Precedente. *Revista de Processo*, [S.l.], ano 42, v. 264, p. 357-394, fev. 2017; MARINONI, Luiz Guilherme. O problema do incidente de resolução de demandas repetitivas e dos recursos extraordinário e especial repetitivos. *Revista de Processo*, São Paulo, ano 40, v. 249, p. 399-419, nov. 2015; ARAÚJO, José Henrique Mouta. A reclamação constitucional e os precedentes vinculantes: o controle da hierarquização interpretativa no âmbito local. *Revista de Processo*, São Paulo, ano 41, v. 252, p. 243-262, fev. 2016; PEIXOTO, Ravi. O sistema de precedentes desenvolvido pelo CPC/2015 – Uma análise sobre a adaptabilidade da distinção (distinguishing) e da distinção inconsistente (inconsistente distinguishing). *Revista de Processo*, São Paulo, ano 40, v. 248, p. 331-355, out. 2015; CAMBI, Eduardo; HELLMAN, Renê. Precedentes e dever de motivação das decisões judiciais no novo Código de Processo Civil. *Revista de Processo*, São Paulo, v. 241, p. 413-438, mar. 2015; MITIDIERO, Daniel. Precedentes, Jurisprudência e Súmulas no Novo Código de Processo Civil Brasileiro. *Revista de Processo*, São Paulo, ano 40, v. 245, p. 333-349, jul. 2015.

de precedentes que surjam teses jurídicas, deve ser levado em conta todos os fundamentos erigidos pelas partes e terceiros atuantes no feito (*amicus curiae* e de audiências públicas), sob pena de negativa de jurisdição.

O autor aduz, ainda, que o precedente judicial "é formado pelos fatos determinantes, pela tese jurídica e pela argumentação jurídica utilizada na construção do provimento jurisdicional" e que o órgão julgador posterior que o leve em conta:

> [...] pode deixar de se vincular ao precedente judicial em razão da distinção entre a argumentação jurídica do caso concreto e a do precedente judicial [dos argumentos levados em conta no debate desse], sem que isso configure qualquer violação a teoria do *stare decisis*.[158]

Entretanto, essas lições não cabem à prática brasileira, vez que a formação de teses jurídicas por súmulas, *v.g.*, levam em conta casos diversos, de forma que restaria, levantando-se qualquer argumento novo, mais fácil fugir do padrão decisório do que segui-lo, o que colocaria em xeque o objetivo do dever de vinculatividade.

Nery e Nery afirmam que as modificações do CPC, em seu art. 927, ao determinar que se cumpram obrigatoriamente preceitos que se consideram "como abstratos e de caráter geral", com as mesmas caraterísticas da lei, são inconstitucionais, já que a lei infraconstitucional não poderia delegar ao Judiciário a possibilidade de legislar:

> À exceção das hipóteses enunciadas no CPC 927 I e II [autorizados pelos artigos da CF 103-A e 102, §2º], os demais casos arrolados no dispositivo comentado (CPC 927 III a V) não podem vincular tribunal ou juiz, por lhes faltar autorização constitucional a tanto.[159]

Semelhante é a crítica de Araken de Assis, ao pontuar que:

> Se o precedente formula regra jurídica geral e abstrata, vinculando os órgãos judiciários inferiores, sonegando-lhes a possibilidade de divergência, e, conseguintemente, restringindo-lhes a independência jurídica – liberdade de seleção da norma porventura aplicável ao litígio –, necessita de autorização constitucional expressa, porque equipare-se,

---

[158] OLIVEIRA JÚNIOR, Délio Mota de. Teoria brasileira dos precedentes judiciais e o argumento novo, não considerado na formação da tese jurídica. *Revista de Processo*, ano 43, v. 280, p. 379-402, jun. 2018, p. 397.

[159] NERY; NERY, 2021, p. RL-1.182.

in totum, aos produtos da atividade legislativa enumerados no art. 59 da CF/1988. Logo, afigura-se inconstitucional o art. 927, III e IV, do CPC de 2015, e, conseguintemente, o art. 988, IV.[160]

Essas conclusões também não são adequadas, vez que não se trata de vincular preceitos genéricos sem que os juízes posteriores possam interpretá-los, mas sim levar em conta produtos judiciais, que interpretam a lei e a Constituição, em feitos posteriores, ou seja, teses que decorrem do processo de decantação da jurisprudência. Ademais, não se trata de delegação do poder de legislar, mas sim de conferir eficácia e coerência de interpretações para casos similares dentro do judiciário.

Como lembra Miguel Medina:

> Embora não se faça sentido a ideia de se tentar "transformar" o direito brasileiro em *common law*, nada impede que mecanismos estimulem os juízes a se orientarem por precedentes já firmados sejam, em sistemas como o brasileiro, *criados pela lei*.[161]

O mesmo Miguel Medina opina que o art. 927, ao se referir à súmula, à jurisprudência e à tese jurídica, quis identificar, quanto ao último, o mesmo que se convencionou chamar de *ratio decidendi*. A opinião do autor aproxima-se ao que o presente estudo defende ao propor a existência de precedentes formalmente "qualificados", sendo aqueles em que o descumprimento pode ensejar o uso de reclamação – nessa tese chamado de precedente vinculante. Preocupa-se o autor que, ao lado do sentido formal de precedente, agregue-se também o substancial: aquele proferido com "elevado grau de qualidade" na acepção de respeito ao contraditório, participação efetiva de *amici curiae*, publicidade, fundamentação exauriente em resposta a todos os argumentos etc.

No entanto, não se concorda com as lições relativamente ao que vincula no juízo posterior, já que, para o autor, das figuras díspares chamadas de fundamento determinante, tese jurídica, padrão decisório e *ratio decidendi*, poder-se-ia extrair algo que os une, "que consiste naquilo que, realmente, deve ser 'observado' pelo julgador [...] que, por comodidade, reunimos sob a expressão *ratio decidendi*" que seria, para o autor, os "argumentos principais sem os quais a decisão não teria o mesmo resultado, ou seja, os argumentos que podem ser considerados

---

[160] ASSIS, 2020.
[161] MEDINA, José Miguel Garcia. *Código de Processo Civil Comentado*. 8. ed. São Paulo: Thomson Reuters Brasil, 2022, p. 1081 (grifo nosso).

imprescindíveis".[162] Como se vê, para o autor seria possível extrair-se *ratio decidendi* em qualquer dos padrões decisórios elencados no art. 927.

Esta tese se afasta dessas lições, vez que distingue o produto de decisões em diferentes elementos: *ratio decidendi* e teses jurídicas, empregando-os em sentido diverso, vez que partem de pressupostos distintos, assim como suas eficácias.

De outro lado, há autores que rejeitam a noção de tese jurídica dissociada do precedente judicial. Nesse sentido, critica Marinoni que "a ideia de tese é inconcebível na perspectiva da teoria dos precedentes e jamais poderá render algo de frutífero para uma Corte suprema ou constitucional",[163] expondo ser a tese indiferente ao caso concreto e incapaz de demonstrar o real alcance da decisão firmada, excluindo-se de sua compreensão, por exemplo, os fundamentos minoritários e mesmo os eventuais concorrentes que resultaram da decisão da Corte:

> A tese é a contradição de algo preocupado com os fatos do caso e com a realidade da deliberação, e, portanto, pode ser vista como o oposto da justificativa, considerando-se que a função dessa é, antes de tudo, traduzir fielmente as razões que, diante dos fatos e das circunstâncias do caso, assim como dos argumentos e eventuais provas contrárias, estabelecem determinando sentido ou interpretação da Constituição.[164]

Pese as argumentações robustas, este estudo sustenta que à tese jurídica é possível reconhecer papel para além da hipótese de eventual facilitadora de acesso a precedente. Consoante levantamento feito, e a partir da análise do uso de súmulas pelo Supremo, entende-se que há outras funções bem delineadas e que não podem ser desconsideradas, já que apresentam efetiva utilização na prática, amparadas na legislação.

Nesse sentido, há que se levar em conta que tanto o ingresso na Corte, quanto o modo de discussão e os produtos que advêm do Tribunal diferem do que ocorre nos tribunais estrangeiros que inspiram a importação das técnicas do *common law*.

As decisões-produtos previstas no art. 927 do CPC não são sempre precedentes; podem ser, entre outras, teses jurídicas interpretativas, com grau de eficácia e aplicabilidade próprias. A principal prova são os enunciados sumulares que, previstos também no artigo, devem ser seguidos por juízes e tribunais.

---

[162] MEDINA, 2022, p. 1100.
[163] MARINONI, 2021, p. 977.
[164] Ibidem, p. 977-978.

Com o objetivo de corroborar o objeto deste estudo, foi elaborado levantamento quantitativo na ordem dos produtos judiciais previstos no art. 927 do CPC:

> Art. 927. Os juízes e os tribunais observarão:
> I – as decisões do Supremo Tribunal Federal em controle concentrado de constitucionalidade;
> II – os enunciados de súmula vinculante;
> III – os acórdãos em incidente de assunção de competência ou de resolução de demandas repetitivas e em julgamento de recursos extraordinário e especial repetitivos;
> IV – os enunciados das súmulas do Supremo Tribunal Federal em matéria constitucional e do Superior Tribunal de Justiça em matéria infraconstitucional;
> V – a orientação do plenário ou do órgão especial aos quais estiverem vinculados.

Pretende-se demonstrar que precedentes e teses jurídicas podem conviver, sendo coisas distintas. Teses jurídicas não advêm de precedentes obrigatoriamente, mas, mesmo assim, são de observância obrigatória, como dizem os arts. 927, 985, 987, §2º e 1040, todos do CPC. Por outro lado, os produtos podem se combinar de modo a tornar ainda mais esclarecido o direito interpretado pelo Supremo Tribunal Federal e, por consequência, o alcance do direito vigente.

O Quadro 1 busca sistematizar as principais diferenças entre os dois institutos.

QUADRO 1
Distinção entre teses jurídicas e precedentes judiciais

Produto-Judicial:	Teses jurídicas	Precedentes judiciais
Fundamento determinante (elemento obrigatório)	Enunciado emitido	*Ratio decidendi*
Requisitos	Aprovação em acórdão do tribunal, por maioria. Aprovação em forma de súmula, nos termos do RISTF. Aprovação em forma de súmula vinculante, nos termos do art. 103-A da CF. Independe do tipo de ação ou procedimento.	Existência de fundamento determinante na sentença, chancelado pela maioria do tribunal, observado aspectos qualitativos (máxime o contraditório efetivo). Independe do tipo de ação ou procedimento.
Funções	Redução da indeterminação da ordem jurídica, enquanto ordem objetiva. Promoção da ordem jurídica, previsibilidade, isonomia para os jurisdicionados, etc.	Redução da indeterminação da ordem jurídica, enquanto ordem objetiva e concreta. Promoção da ordem jurídica, previsibilidade, isonomia para os jurisdicionados, etc.
Aplicação	Subsunção do enunciado ao caso concreto. Autonomia relativa dos casos anteriores que lhe originaram. Se combinada a tese jurídica com o precedente judicial, também pode ser empregado por analogia entre os casos.	Analogia entre o caso atual e o caso precedente, ampla análise dos fatos, juízo comparativo.
Eficácia	Expansiva ou Vinculante	Expansiva ou Vinculante
Revogação	Teses de súmulas vinculantes podem ser revogadas por iniciativa dos legitimados para a ADI (Lei nº 11.417/2006); alteração e cancelamento de súmulas constitucionais ocorrem por deliberação do pleno do STF, por maioria absoluta (art. 102, §1º do RISTF); modificações de teses de julgamento devem observar fundamentação adequada e específica, considerando aspectos da segurança jurídica, proteção da confiança e isonomia (art. 927, §4º).	Revogação de precedentes exige fundamentação adequada e específica, considerando aspectos da segurança jurídica, proteção da confiança e isonomia (art. 927, §4º do CPC); ocorre por maioria do colegiado.

Fonte: Elaborado pelo autor, 2022.

3.4 Especificações sobre o produto da decisão nos diferentes procedimentos

3.4.1 No controle concentrado de constitucionalidade

O primeiro inciso do art. 927, CPC, obriga tribunais e juízes a seguir decisões dadas pelo Supremo em controle concentrado de constitucionalidade.

Essas ações são classicamente vistas como de caráter objetivo, na acepção de que visam à tutela da ordem constitucional; a jurisdição, segundo Teori Zavascki, tem por objeto a "própria ordem constitucional, o que se dá mediante solução de controvérsias a respeito da legitimidade da norma jurídica abstratamente considerada, independentemente da sua incidência em específicos suportes fáticos",[165] daí a razão por que se diz tratar-se de processo sem partes.

As decisões em controle abstrato podem resultar – e em vários casos resultam – na ablação do dispositivo questionado, retirando-o do mundo jurídico na medida em que inconstitucional. Nesses casos, é evidente que tribunais e juízes não mais poderão fazer uso da norma declarada inconstitucional (*rectius*, do texto legislativo retirado do ordenamento).

De fato, por comando constitucional, a declaração de inconstitucionalidade da norma equivale a reconhecê-la como nula[166] e, por consequência, a decisão possui eficácia contra todos e efeito vinculante, inclusive em face da administração pública (art. 102, §2º da CF).

A decisão que retira norma do ordenamento jurídico, por ser inconstitucional, classifica-se como sentença eliminativo-negativa, vez que atua sobre o plano da validade das normas, suprimindo-a do sistema legal; por conseguinte, o texto legal não mais pode ser parâmetro de aplicação em outros casos.[167]

---

[165] ZAVASCKI, 2012, p. 53.
[166] Cf. VELOSO, 2003.
[167] Já se teve oportunidade de observar: "Por sua vez, sentença eliminativo-negativa é aquela que destrói o dispositivo legal questionado. Vale dizer: retira-o do ordenamento jurídico. Na medida em que operam forte censura à atividade do legislador, essas devem ser vistas como *ultima ratio*; ou seja, levando-se em conta o princípio Democrático, aliado à noção de presunção de constitucionalidade das leis, tal técnica só deve ser utilizada quando não for possível o uso da sentença interpretativa. Sendo inadmissível salvar-se o dispositivo legal por meio de soluções interpretativas, tais sentenças operam uma censura de ordem textual. Em termos numéricos, esse tipo de sentença é a protagonista no STF. Com efeito, grande parte das declarações de inconstitucionalidade ocorrem na censura de leis que desrespeitam o sistema constitucional de repartição de competências estatais. Em tais hipóteses, essas decisões questionam a validade formal dos dispositivos, já que

Os efeitos desta decisão não geram tantas dúvidas.

Situação diversa da sentença eliminativo-negativa é a da sentença interpretativa, que se caracteriza por deixar intacta a norma-texto objeto de controle judicial, atuando, pois, no aspecto normativo do texto: se a(s) interpretação(ões) aos dispositivos são ou não compatíveis com a Constituição.[168]

Como ressaltado, o incremento no uso desta técnica de decisão desaguou na maior atenção da análise da sentença sob o ponto de vista de seus elementos internos, ou melhor, do raciocínio empregado para a obtenção da norma ou normas compatíveis com a Constituição. Veja-se que o que importa, nesses casos, tal como no sistema do *common law*, é a *ratio decidendi* e, por conta disso, a questão de visualizar o fenômeno a partir da vinculação desse elemento da sentença.

Nessas sentenças, portanto, chama a atenção a extração do motivo determinante apto a esclarecer o alcance do direito vigente.

Essa questão ganha contornos próprios no controle objetivo de normas. Um exemplo ajuda a entender o ponto: na ADI 1.232,[169] o Supremo julgou improcedente a ação que visava declarar a inconstitucionalidade do art. 20, §3º da Lei Orgânica da Assistência Social (LOAS);[170] referido critério vinha sendo sistematicamente afastado pelos juízes, em que pese a declaração de constitucionalidade do texto normativo, ao apontarem ser insuficiente para abarcar situações de miserabilidade não atendidas por esse critério objetivo.

---

essa (a validade formal) é uma propriedade das disposições (não de normas), e a relação entre as disposições e as metanormas sobre sua produção é uma hierarquia estrutural" (MAROCCO, 2016, p. 317).

[168] Sobre o tema, também ressaltado em outra oportunidade: "As sentenças que separam as normas constitucionais daquelas incompatíveis com a Constituição são as chamadas *sentenças interpretativas*. Incluem-se no conceito as sentenças que adotam as técnicas da 'interpretação conforme a Constituição', bem assim a 'declaração parcial de inconstitucionalidade sem redução de texto'. As sentenças interpretativas, assim, deixam intacto o dispositivo textual questionado, embora incidam sobre o significado desses. Como explicam Zagrebelsky e Marcenó, não interessa mais a simples censura e eliminação do ato legislativo, mas sim de censurar o ato legislativo 'quando não idôneo a dar efetividade aos princípios constitucionais'. A inconstitucionalidade, nesses casos, surge como uma 'falha da interpretação' e é essa ordem de fatores que contribui para que, cada vez mais, tenha-se por superada a ideia de visão negativa da jurisdição, para uma posição positiva, de 'recomposição interpretativa' do ordenamento" (Ibidem, p. 316).

[169] ADI 1232. Relator: Min. Ilmar Galvão; Relator p/ Acórdão: Min. Nelsom Jobim, Tribunal Pleno, julgado em 27 de agosto de 1998.

[170] Trata-se da Lei nº 8.742/93, que estabelece, para fins de concessão a benefício assistencial a idoso e pessoas com deficiência, que o critério para aferição da miserabilidade apto a ensejar o benefício consiste na renda familiar per capita inferior a ¼ (um quarto) do salário-mínimo.

Isso fez com que, tempos depois, o próprio STF revisse sua decisão que declarou constitucional o artigo, o que ocorreu em sede da RCL 4374/PE,[171] tendo o relator concluído pela viabilidade de rever entendimento já conferido em Ação Direta. Em que pese o julgamento improcedente da reclamação, importa a conclusão de admitir que um caso anterior julgado constitucional fosse revisto pelo tribunal.

Isso levou Antonio Maués a concluir que:

> Embora a RCL nº 4.374 tenha confirmado a tese de que o efeito vinculante das declarações de constitucionalidade não proíbe que a norma seja submetida novamente ao escrutínio do STF, algumas questões importantes sobre o tema permanecem em aberto. O caso do benefício assistencial demonstra que o STF pode admitir que os juízes deixem de aplicar uma norma declarada constitucional, uma vez que confirma a validade dessa decisão ao julgar improcedentes as reclamações apresentadas contra ela. Diante desse quadro, é necessário investigar mais profundamente qual o grau de vinculação do Poder Judiciário às decisões do STF, ou seja, em que situações os órgãos judiciais podem afastar a lei sem desrespeitar o efeito vinculante.[172]

Poderia ser arguida a violação, pelos juízes de piso, da força de coisa julgada material da primeira decisão que decretou constitucional a norma; porém, como observa Marinoni, a melhor maneira de visualizar o fenômeno é no sentido de que a rediscussão de declaração judicial de constitucionalidade é permitida tal como é possível, no *common law*, falar-se em *overruling* de precedente (seria a superação, pelo STF, de seu precedente).[173] O problema dessa constatação consiste, no entanto, na dificuldade de revelar-se o que seria a *ratio decidendi* de uma ação ampla, sem partes e que discute a higidez do ordenamento jurídico.

Independente disso, ocorre ter em conta que, para o Supremo, mesmo em decisões proferidas sob a égide do atual CPC, a reclamação constitucional não pode ser utilizada com o objetivo de aplicação dos

---

[171] RCL 4374. Relator: Min. Gilmar Mendes, Tribunal Pleno, julgado em 18 de abril de 2013.

[172] MAUÉS, Antonio Moreira. O efeito vinculante na jurisprudência do Supremo Tribunal Federal: análise das reclamações constitucionais n. 11.000 a 13.000. *Revista Direito GV*, São Paulo, v. 12, n. 2, p. 441-460, maio/ago. 2016, p. 445. Disponível em: https://www.scielo.br/j/rdgv/a/WhYTbntR4qksNtTXL9fpCJb/abstract/?lang=pt. Acesso em: 18 jul. 2022.

[173] MARINONI, 2010, p. 300. Explicita ainda o autor que o instituto da eficácia preclusiva da coisa julgada é incompatível com a ação direta de inconstitucionalidade e que o valor da eficácia vinculante reside em dar força obrigatória à *ratio decidendi* ou aos fundamentos determinantes "impedindo que eles sejam desconsiderados em quaisquer decisões de órgãos judiciais inferiores" (Ibidem, p. 325).

motivos determinantes da decisão em controle abstrato, o que equivale a dizer que a eficácia vinculante nessas ações não abrange o elemento *ratio decidendi*.

Se o elemento *ratio decidendi* não é capaz de vincular demais juízos, vez que rechaçada a teoria dos motivos determinantes, o termo de precedente judicial, para esses casos, não é o mais adequado.

Nos casos a seguir levantados, tentou-se o uso de reclamação constitucional (RCL) a fim de que a razão fundante de ações em controle concentrado fosse objeto de contraste relativamente à decisão questionada. Os termos pesquisados foram: "reclamação" e "motivos determinantes"; os casos são de reclamações que alegavam ofensa de julgamentos em ações abstratas. Selecionaram-se julgamentos ocorridos a partir de janeiro de 2016 (com destaques):

> AGRAVO REGIMENTAL NA RECLAMAÇÃO. AÇÃO CIVIL PÚBLICA. VALIDADE DE CONTRATO DE GESTÃO CELEBRADO ENTRE MUNICÍPIO E ORGANIZAÇÃO SOCIAL. ALEGADA AFRONTA À AUTORIDADE DO QUE DECIDIDO NO JULGAMENTO DA AÇÃO DIRETA DE INCONSTITUCIONALIDADE 3.395-MC/DF. AUSÊNCIA DE ESTRITA ADERÊNCIA. INAPLICABILIDADE DA TRANSCENDÊNCIA DOS MOTIVOS DETERMINANTES. AUSÊNCIA DAS HIPÓTESES DE CABIMENTO DA RECLAMAÇÃO. 1. À míngua de identidade material entre os paradigmas invocados e os atos reclamados, não há como divisar a alegada afronta à autoridade de decisão desta Excelsa Corte, mormente porque a exegese jurisprudencial conferida ao art. 102, I, "l", da Magna Carta rechaça o cabimento de reclamação constitucional fundada na tese da transcendência dos motivos determinantes. 2. Agravo regimental conhecido e não provido.[174]

> EMENTA: Agravo regimental na reclamação. Ausência de identidade de temas entre o ato reclamado e as ações paradigmas. Não aplicação da teoria da transcendência dos motivos determinantes à reclamação. Agravo regimental não provido. 1. Há necessidade de aderência estrita do objeto do ato reclamado ao conteúdo da decisão do STF dotada de efeito vinculante e eficácia erga omnes para que seja admitida a reclamatória constitucional. 2. Inadmissível o uso da reclamação constitucional como sucedâneo de recurso ou de ações judiciais em geral. 3. Agravo regimental não provido.[175]

---

[174] RCL 11058 AgR. Relator: Min. Rosa Weber, Primeira Turma, julgado em 15 de março de 2016. Note-se, nesse caso, que o tribunal admite a identidade material entre os paradigmas invocados e os atos reclamados, porém deixa de provê-lo em razão da orientação de não se conferir a transcendência aos motivos determinantes de julgados pretéritos.

[175] RCL 25880 AgR. Relator: Min. Dias Toffoli, Segunda Turma, Julgado em 4 de abril de 2018. Vê-se que o julgado fala em aderência estrita do objeto do ato reclamado relativamente

AGRAVO REGIMENTAL EM RECLAMAÇÃO. ADI 1.194/DF. IMPOSSIBILIDADE DE UTILIZAÇÃO DE RECLAMAÇÃO FUNDADA NA TEORIA DA TRANSCENDÊNCIA DOS MOTIVOS DETERMINANTES. 1. Na ADI 1.194/DF, o STF firmou entendimento de que deve ser preservada a liberdade contratual quanto à destinação dos honorários de sucumbência fixados judicialmente. A condenação dos honorários em favor da União, matéria objeto da reclamação, não guarda pertinência com o parâmetro de controle indicado pelo recorrente. 2. A jurisprudência majoritária do Supremo Tribunal Federal não reconhece a possibilidade do manejo de reclamação fundada na transcendência dos motivos determinantes. 3. Agravo regimental a que se nega provimento.[176]

Ementa: Agravo regimental em reclamação. 2. Direito Processual Civil. 3. Reclamação com base em descumprimento de orientação firmada em processo subjetivo do qual a parte reclamante figurou no polo. Não ocorrência. 4. Suposta afronta à decisão proferida na ADI 1.194. Inexistência. Impossibilidade de utilização da reclamação fundada na teoria da transcendência dos motivos determinantes. 5. Inadmissível a utilização da reclamação como sucedâneo recursal. 6. Ausência de argumentos ou provas que possam influenciar a convicção do julgador. 7. Agravo regimental não provido.[177]

AGRAVO REGIMENTAL NA RECLAMAÇÃO. PROCESSUAL CIVIL. ALEGADO DESCUMPRIMENTO DA DECISÃO PROFERIDA NA AÇÃO DIRETA DE INCONSTITUCIONALIDADE Nº 2.112: INOCORRÊNCIA. INAPLICABILIDADE DA TEORIA DA TRANSCENDÊNCIA DOS MOTIVOS DETERMINANTES. IMPOSSIBILIDADE DE SE UTILIZAR RECLAMAÇÃO COMO SUCEDÂNEO DE RECURSO: PRECEDENTES. AGRAVO REGIMENTAL AO QUAL SE NEGA PROVIMENTO.[178]

AGRAVO REGIMENTAL EM RECLAMAÇÃO. DIREITO PROCESSUAL PENAL. AUDIÊNCIA DE APRESENTAÇÃO. AFERIÇÃO DA

---

ao conteúdo do paradigma, consistindo isso, segundo a Corte, no ajuste "com exatidão e pertinência, aos julgamentos desta Suprema Corte invocados como paradigmas de confronto, em ordem a permitir, pela análise comparativa, a verificação da conformidade, ou não, da deliberação estatal impugnada em relação ao parâmetro de controle emanado deste Tribunal". V. RCL 6534 AgR. Relator: Min. Celso de Mello, Tribunal Pleno, julgado em 25 de setembro de 2008.

[176] RCL 21756 AgR. Relator: Min. Edson Fachin, Primeira Turma, julgado em 23 de fevereiro de 2016.
[177] RCL 28745 AgR. Relator: Min. Gilmar Mendes, Primeira Turma, julgado em 18 de outubro de 2019.
[178] RCL 38925 AgR. Relator: Min. Celso de Mello; Redatora do acórdão: Min. Cármen Lúcia, Segunda Turma, julgado em 20 de outubro de 2020.

REGULARIDADE DA CUSTÓDIA EM FLAGRANTE. PROVIMENTO DO TRIBUNAL DE JUSTIÇA DO ESTADO DE SÃO PAULO. ATO NORMATIVO SECUNDÁRIO. AUSÊNCIA DE IDENTIDADE MATERIAL ENTRE OS COMANDOS NORMATIVOS. PERTINÊNCIA ESTRITA. TRANSCENDÊNCIA DOS MOTIVOS DETERMINANTES. INAPLICABILIDADE. 1. Ao julgar a ADI 5240/SP, o Tribunal Pleno não conheceu da ação direta de inconstitucionalidade no que toca às normas administrativas atinentes à obrigatoriedade e prazo de apresentação em Juízo do acusado, na medida em que tais dispositivos, mera regulamentação do Pacto de São José da Costa Rica e da legislação processual penal, não detêm aptidão para figurar como objeto de controle de constitucionalidade. Sendo assim, a presente reclamação é incabível, por tratar de situação que não guarda relação de estrita pertinência com o parâmetro de controle. 2. Ainda que se admita a correspondência da *ratio decidendi* entre as matérias, a atual jurisprudência do Supremo Tribunal Federal é firme em afirmar o não cabimento de reclamação, na hipótese em que fundada na transcendência dos motivos determinantes de acórdão com efeito vinculante, na medida em que tal efeito abrange apenas o objeto da ação. Idêntica conclusão, com maior razão, é aplicável na hipótese de considerações tecidas no julgamento a título de *obiter dictum* e que, portanto, sequer sustentam a decisão apontada como paradigma. 3. Agravo regimental a que se nega provimento.[179]

A partir da leitura das ementas de julgamento das turmas do Supremo, o que se tem é a orientação de que a eficácia da decisão se restringe a seu comando concreto, isto é, ao dispositivo da sentença, não abrangendo os motivos determinantes ou razões de decidir.

Uma lei estadual de teor A que for julgada inconstitucional pelos motivos Y e Z não leva que lei do estado B, com teor idêntico, possa ser objeto de escrutínio por reclamação em razão da violação da autoridade da decisão do Supremo firmada para o primeiro caso. A lei do estado B deverá, segundo o STF, ser objeto de ação própria que lhe questione a constitucionalidade. É esperado que, ao momento em que se julgar essa segunda ação, o Supremo siga a orientação firmada, na medida em que há o dever de coerência (art. 926).

A redução da indeterminação do ordenamento, nos casos abstratos, portanto, não possui o condão de vincular demais julgamentos de modo que a reclamação constitucional possa ser utilizada (embora a redação do art. 988, III, do CPC).

Seria útil aduzir-se à figura do precedente judicial vinculante com os seus elementos da sentença?

---

[179] RCL 21884 AgR. Relator: Min. Edson Fachin, Primeira Turma, julgado em 15 de março de 2016.

Se a Corte não reputa por violada a autoridade de suas decisões, conforme se vê nas Reclamações acima, não faz sentido falar em efeito vinculante da *ratio decidendi* da decisão abstrata de constitucionalidade. Por consequência, não faz sentido aduzir a *stare decisis* vertical na acepção em que a tradição de *common law* lhe dá.[180]

Se não é importante – no sentido de vinculação – a orientação jurídica firmada, é mais razoável aduzir que o precedente em controle abstrato seja visto como precedente expansivo. Isso não exclui, por outro lado, que da ação direta emanem-se diretrizes interpretativas firmadas em teses jurídicas.

No caso da ADI abaixo, firmou-se tese interpretativa sobre a possibilidade de protesto em cartório de títulos de dívida ativa:

> Direito tributário. Ação direta de inconstitucionalidade. Lei nº 9.492/1997, art. 1º, parágrafo único. Inclusão das certidões de dívida ativa no rol de títulos sujeitos a protesto. Constitucionalidade. [...] 5. Ação direta de inconstitucionalidade julgada improcedente. Fixação da seguinte tese: "O protesto das Certidões de Dívida Ativa constitui mecanismo constitucional e legítimo, por não restringir de forma desproporcional quaisquer direitos fundamentais garantidos aos contribuintes e, assim, não constituir sanção política".[181]

Como se vê, trata-se decisão-produto de ação concentrada fundada em tese jurídica.

Também pode ocorrer de decisões do mesmo assunto serem deliberadas em procedimentos diversos, de modo que as decisões-produtos sejam combinadas.

Na ADC 16,[182] por exemplo, o Supremo declarou constitucional a norma do art. 71, §1º da Lei nº 8.666/93, que trata da não transferência de responsabilidade por inadimplência de contratados à administração pública de encargos trabalhistas, fiscais e comerciais; houve, pois, tese jurídica pela constitucionalidade da norma. Não obstante, a norma ainda impunha controvérsias, o que fez o tribunal reavaliá-la,

---

[180] A regra do *stare decisis* pode ter valor horizontal e vertical, cada qual com fundamentos distintos: em sentido vertical, entende-se a obrigação que as Cortes inferiores têm de seguir o precedente judicial das Cortes Superiores, que se liga também à vinculação hierárquica do Sistema de Justiça; em sentido horizontal, fala-se do valor vinculante do precedente como forma de perpetuar no tempo a influência mesma do Tribunal Superior, legitimando e reforçando o próprio poder criativo da Corte. Cf. MATTEI; ARIANA, 2014, p. 148.
[181] ADI 5135. Relator: Min. Roberto Barroso, Tribunal Pleno, julgado em 09 de novembro de 2016.
[182] ADC 16. Relator: Min. Cezar Peluso, Tribunal Pleno, julgado em 24 de novembro de 2010.

reconhecendo-se a repercussão geral no RE 760.931[183] e estabelecendo, por maioria, a seguinte tese de julgamento:

> O inadimplemento dos encargos trabalhistas dos empregados do contratado não transfere automaticamente ao Poder Público contratante a responsabilidade pelo seu pagamento, seja em caráter solidário ou subsidiário, nos termos do art. 71 §1º, da Lei 8.666/93.

Por ocasião de outro julgamento (RCL 28.623),[184] o Supremo assentou que:

> [...] a superveniência do julgamento do RE 760.931 implica dizer que a tese firmada na ADC 16, no que toca à sua eficácia vinculante, foi plenamente substituída pela tese do Tema 246 da repercussão geral. Desse modo, a partir 2.5.2017 (data da publicação da ata do julgamento que fixou a nova tese), é inviável reclamação com fundamento em alegação de afronta ao julgado da ADC 16. Assim, eventual má aplicação da nova tese acerca da responsabilidade subsidiária da administração pública pelos débitos trabalhistas de contratado deve ser impugnada, inicialmente, por meio de recursos. Nessa linha, a inobservância de tese firmada em repercussão geral somente enseja o ajuizamento da reclamação, quando "esgotadas as instâncias ordinárias", nos termos do art. 988, §5º, II, do CPC/2015. Esse dispositivo vem sendo interpretado por esta Corte no sentido de se exigir o percurso de todo o iter processual, ultimado na interposição de agravo interno contra a decisão que nega seguimento ao recurso extraordinário (art. 1.030, I e §2º, do CPC/2015). Nesse sentido, veja-se a RCL 24.686 ED-AgR, rel. min. Teori Zavascki [...].

No caso acima, tem-se o entendimento de que a tese de julgamento da ADC 16 (obrigatória, nos termos do art. 102, §2º, CF, e art. 927, I, CPC) teria sido substituída pela tese do RE 790.931, de modo que o primeiro paradigma não poderia ser objeto de questionamento via reclamação, mas sim o segundo – com a advertência, porém, que o acesso à via da reclamação para violação ao RE exige o exaurimento das instâncias ordinárias (art. 988, §5º, II, CPC).

---

[183] RE 760931. Relatora: Min. Rosa Weber; Redator do Acórdão: Min. Luiz Fux, Tribunal Pleno, julgado em 26 de abril de 2017.
[184] RCL 28623 AgR. Relator: Min. Roberto Barroso, Primeira Turma, julgado em 12 de dezembro de 2017.

3.4.2 Nos enunciados de súmula vinculante e enunciados de súmula em matéria constitucional

As súmulas vinculantes e constitucionais estão elencadas como obrigatórias (art. 927, II e IV, CPC). As primeiras possuem previsão constitucional, estabelecendo o art. 103-A da CF que serão aprovadas por decisão de dois terços de seus membros, depois de reiteradas decisões sobre matéria constitucional, tendo como "objetivo a validade, a interpretação e a eficácia" de normas em que "haja controvérsia atual entre órgãos judiciários ou entre esses e a administração pública que acarrete grave insegurança jurídica e relevante multiplicação de processos sobre questão idêntica".

Como se vê, decorrem os enunciados sumulares da necessidade de pacificação interpretativa em matéria constitucional. São, enquanto produtos judiciais, teses jurídicas (e não precedentes).

As súmulas, nesse sentido, não são precedentes. Elas originam-se da necessidade de aperfeiçoamento da jurisprudência do tribunal, constituído meio de organização de jurisprudência, de modo a uniformizá-la.[185]

Para o CPC, os tribunais "devem uniformizar sua jurisprudência e mantê-la estável, íntegra e coerente" (art. 926) e há incentivo à emissão de súmulas correspondentes à sua "jurisprudência dominante" (§1º); adiante, ao afirmar que os tribunais devem ater-se às circunstâncias fáticas dos precedentes que a motivaram (§2º), parece que quer alertar acerca da conveniência de a matéria sumulada possuir congruência aos fatos e casos dos quais a fez decorrer.

Interessa demonstrar que se trata de produto jurídico consubstanciado em tese jurídica e enfrentar a questão do grau de vinculatividade delas. Para iniciar o ponto, deve ser lembrado que a tese jurídica possui atributo de texto vocacionado a dirimir dúvida interpretativa de ordem constitucional, sendo norma interpretativa do alcance constitucional.

Assemelham-se, assim, às normas legais por serem emitidas em verbetes com enunciado geral, abstrato, impessoal e obrigatório, podendo elas, exatamente por isso, ser objeto de interpretação e de dúvidas nas suas aplicações em casos; porém, elas beneficiam-se "de uma sorte de interpretação que se diria implícita, ou autorreferente, dado

---

[185] Como ressalta o Regimento interno do STF: art. 102 "§4º A citação da Súmula, pelo número correspondente, dispensará, perante o Tribunal, a referência a outros julgados no mesmo sentido" (BRASIL, 2020).

que ela já representa o extrato de reiterados julgamentos consonantes sobre um dado tema".[186]

São, portanto, obrigatórias, tal como a lei, mas, aliadas à jurisprudência que lhe serve de alicerce, possuem campo de aplicação exegético mais nítido e esclarecido, na medida em que devem ser lidas desses casos que lhe serviram de suporte.

É importante esclarecer que o processo de formação das teses jurídicas admite a participação de terceiros, inclusive *amicus curiae*, aumentando o debate para legitimar seus naturais efeitos expansivos.

Para pôr sob prova essas observações, inicia-se pela análise das súmulas vinculantes. Nesse sentido, aduz a Súmula Vinculante nº 57:

> A imunidade tributária constante do art. 150, VI, d, da CF/88 aplica-se à importação e comercialização, no mercado interno, do livro eletrônico (*e-book*) e dos suportes exclusivamente utilizados para fixá-los, como leitores de livros eletrônicos (*e-readers*), ainda que possuam funcionalidades acessórias.

Como se vê, trata-se de súmula que especifica alcance da norma constitucional referente à imunidade de livros; alcançaria ela os livros não impressos ou cuja leitura dependa de suporte eletrônico? Sua redação deixa claro que sim; porém, referida tese partiu de um caso específico julgado pelo Supremo, com contornos, partes e situação singulares – tratava-se do Recurso Extraordinário 330.817,[187] a partir de acordão do Tribunal do RJ que entendeu ser imune a "comercialização da Enciclopédia Jurídica eletrônica por processamento de dados, com pertinência exclusiva ao seu conteúdo cultural – software", a teor da norma constitucional. Referido RE teve repercussão geral reconhecida em 2012, porém seu julgamento ocorreu apenas em 2016, com a divulgação do acórdão em 2017. À oportunidade, consignou-se que:

> 4. O art. 150, VI, d, da Constituição não se refere apenas ao método gutenberguiano de produção de livros, jornais e periódicos. O vocábulo "papel" não é, do mesmo modo, essencial ao conceito desses bens finais. O suporte das publicações é apenas o continente (*corpus mechanicum*) que abrange o conteúdo (*corpus misticum*) das obras. O corpo mecânico não é o essencial ou o condicionante para o gozo da imunidade, pois a variedade de tipos de suporte (tangível ou intangível) que um livro pode ter aponta para a direção de que ele só pode ser considerado como

---

[186] MANCUSO, 2013, p. 432.
[187] RE 330817. Relator: Min. Dias Toffoli, Tribunal Pleno, julgado em 08 de março de 2017.

elemento acidental no conceito de livro. A imunidade de que trata o art. 150, VI, d, da Constituição, portanto, alcança o livro digital (*e-book*). 5. É dispensável para o enquadramento do livro na imunidade em questão que seu destinatário (consumidor) tenha necessariamente que passar sua visão pelo texto e decifrar os signos da escrita. Quero dizer que a imunidade alcança o denominado *"audio book"*, ou audiolivro (livros gravados em áudio, seja no suporte CD-Rom, seja em qualquer outro).

Em que pese a clareza do RE, reputou-se necessária a edição de súmula vinculante, a partir de demanda da Associação Brasileira das Empresas de Tecnologia da Informação e Comunicação, que relatou uma série de autuações da Receita Federal e Fazendas Estaduais no desembaraço aduaneiro e comercialização desses suportes eletrônicos.

Para esclarecer a dúvida interpretativa da Constituição, fez-se edição de súmula vinculante, ao que se indica, a fim de reforçar sua carga de eficácia, já que a súmula compreende, pelo teor da Constituição, eficácia vinculante também na Administração Pública.

Outra interessante situação observa-se na edição da súmula vinculante nº 56. A proposta inicial do defensor público geral e que contava com aprovação do Ministro relator seria a de que "o princípio constitucional da individualização da pena impõe seja esta cumprida pelo condenado, em regime mais benéfico, aberto ou domiciliar, inexistindo vaga em estabelecimento adequado, no local da execução"; não obstante, levantou-se o seguinte questionamento, que poderia dificultar a aplicação da súmula: um condenado recente, por exemplo, existindo estabelecimento semiaberto e estando esse lotado, deveria ir direto ao aberto? Como ficaria os demais detentos que já se encontram há mais tempo cumprindo pena no mesmo semiaberto? Certamente em posição de desvantagem.

Por essa razão, suspendeu-se o julgamento, tendo o tribunal aguardado o resultado do RE 641.320/RS,[188] que tratava do mesmo assunto.

Nesse recurso extraordinário, ponderou-se uma série de medidas que poderiam ser adotadas pelos tribunais, a fim de não permitir que o apenado cumprisse sentença mais grave que a imposta e, ao mesmo tempo, impedir que automaticamente esses casos convolassem em prisão domiciliar – de difícil controle e fiscalização, situação que não corresponderia à reprimenda legal. De modo que, havendo déficit de vagas, a solução perpassaria pela:

---

[188] RE 641320. Relator: Min. Gilmar Mendes, Tribunal Pleno, julgado em 11 de maio de 2016.

(i) a saída antecipada de sentenciado no regime com falta de vagas; (ii) a liberdade eletronicamente monitorada ao sentenciado que sai antecipadamente ou é posto em prisão domiciliar por falta de vagas; (iii) o cumprimento de penas restritivas de direito e/ou estudo ao sentenciado que progride ao regime aberto. Até que sejam estruturadas as medidas alternativas propostas, poderá ser deferida a prisão domiciliar ao sentenciado.

No mesmo RE, firmou-se possível a adoção de medidas alternativas às sugeridas de acordo com as peculiaridades da região e dos estabelecimentos penais.

Após o decidido no recurso extraordinário, a súmula vinculante nº 57 ficou assim aprovada: "A falta de estabelecimento penal adequado não autoriza a manutenção do condenado em regime prisional mais gravoso, devendo-se observar, nessa hipótese, os parâmetros fixados no RE 641.320/RS".

Veja-se que a própria súmula remete ao precedente julgado no Recurso Extraordinário 641.320, sendo um caso de tese interpretativa que combina sua solução aos pormenores decididos concretamente.

A Súmula Vinculante nº 55 também expressa uma tese de ordem geral: "O direito ao auxílio-alimentação não se estende aos servidores inativos". Referido verbete já era objeto de súmula simples idêntica (Súmula 680), tendo sido convertido em vinculante para, dentre outros motivos, "desestimular e prevenir a subida de novos casos sobre questão já pacificada por esta Corte", de modo que se censurasse o entendimento pela possibilidade de incorporação da verba para proventos de aposentadoria, já que essa tem natureza indenizatória e ligada a servidores em exercício da atividade.

Portanto, como produto-decisório tese jurídica, a súmula vinculante não é apenas, como quer Marinoni, "inscrição de um enunciado a partir da *ratio decidendi* de precedentes – ou, excepcionalmente, de precedente – que versaram uma mesma questão constitucional".[189] Também não representa "externalização em um enunciado, da razão de decidir de vários (reiterados) precedentes", como opina Hermes Zaneti Junior, o qual aduz, ainda, que sua aplicação:

[...] será obtida da razão de decidir, e não só pelo enunciado da súmula, que serve apenas como guia e *fórmula sintética*, jamais como

---

[189] MARINONI, 2010, p. 489.

regra abstrata, até porque, na sua formação, tem como premissa casos concretos, dos quais não se pode distanciar sem perder substância.[190]

Rodrigo Barioni opina que há distinção entre o alcance da *ratio decidendi* e o da tese jurídica, sendo a primeira de maior amplitude, já que:

> [A] tese jurídica representa apenas uma hipótese de incidência da *ratio decidendi*, ou seja, um campo de certeza que permite destacar uma situação fática precisa que seguramente se encontra no âmbito do regramento do precedente.[191]

Entretanto, é possível argumentar que isso dependeria do conceito de *ratio* empregado, ou do quão generalizável é a norma vista como fundamento determinante do precedente, ponto esse que depende da exegese empregada pelos juízos posteriores.

Já Ugo Mattei e Emmanuele Ariana explicam que a *legal rule* é intimamente ligada ao caso e suas nuances fáticas originárias, daí por que mais restrita que o preceito legal que o jurista do *civil law* é acostumado, mesmo que a generalizando.[192]

Como tese jurídica, segundo se defende, representa enunciado interpretativo que, embora se valha de casos similares para sua adoção – respeitados os requisitos constitucionais e às vezes nem tão similares – podem ter campo de aplicação mais abrangente que os casos que lhe serviram de base. Além disso, por representarem maturação interpretativa de vários casos concretos, às súmulas não parece ser possível que apenas externalizem *ratio decidendi* anteriores, já que casos de fatos díspares são levados em conta e, mesmo assim, a conclusão jurídica pode abranger a todas.

Portanto, o processo de aplicação de uma tese jurídica pode diferir da forma em que a aplicação do precedente ocorre. Mais correto é afirmar que a aplicação de um enunciado plasmado em tese jurídica ocorre de forma diferente do raciocínio empregado na aplicação de precedente e seu elemento vinculante, a *ratio decidendi* ou *holding*.

---

[190] ZANETI JR., Hermes. *O valor vinculante dos precedentes*. Salvador: JusPodivm, 2015, p. 200-201.
[191] BARIONI, 2020, p. 274.
[192] MATTEI; ARIANA, 2014, p. 157.

Nesse aspecto, aponta Taís Schilling Ferraz:

> Decidir com base em precedentes requer muito mais que a busca de normas abstratas onde, em tese, os fatos concretos possam ser subsumidos. O caminho a ser percorrido, doravante, parte de fatos em particular, exige problematização, análise comparativa, uso da analogia e construção da norma aplicável a cada nova decisão, tendo por paradigmas decisões anteriores. Tais decisões foram frente a fatos específicos, e não frente a normas em abstrato.[193]

Súmulas materializam teses jurídicas, portanto, e, nessa situação, podem exercer funções de diversas naturezas: podem funcionar como questão prejudicial que soluciona diversos casos em julgamento em que ela seja objeto de discurso; podem representar enunciado genérico de natureza normativa decorrente da consolidação jurisprudencial da corte ou, também, podem ser extrato resumido de uma *ratio decidendi* a partir de precedente ou precedentes da mesma corte.[194]

Para ilustrar o argumento, pesquisaram-se no localizador de jurisprudência do STF[195] as expressões "reclamação procedente" e "súmula vinculante"; como resultado, foram catalogados 93 casos de reclamações julgadas procedentes por desrespeito à súmula anteriormente emitida. O Quadro 2 sistematiza as súmulas e o número de casos de violação denunciados em reclamação.

---

[193] FERRAZ, Taís Schilling. Ratio decidendi x tese jurídica. A busca pelo elemento vinculante do precedente brasileiro. *Revista da Escola da Magistratura do TRF da 4ª Região*, Porto Alegre, ano 4, n. 10, 2018, p. 81-102. Disponível em: https://www2.trf4.jus.br/trf4/upload/editor/rlp_revista_escola_magistratura_trf4n10_final.pdf. Acesso em: 21 jul. 2022, p. 86.

[194] Tal como visto no Item 3.3.2.

[195] Disponível em: https://jurisprudencia.stf.jus.br. Acesso em: 10 dez. 2021.

QUADRO 2
Súmulas vinculantes mais desrespeitadas
em Reclamações julgadas procedentes

Súmula	Enunciado	Número de casos de violação
SV 10	Viola a cláusula de reserva de plenário (CF, artigo 97) a decisão de órgão fracionário de tribunal que, embora não declare expressamente a inconstitucionalidade de lei ou ato normativo do poder público, afasta sua incidência, no todo ou em parte.	43
SV 37	Não cabe ao Poder Judiciário, que não tem função legislativa, aumentar vencimentos de servidores públicos sob o fundamento de isonomia.	19
SV 14	É direito do defensor, no interesse do representado, ter acesso amplo aos elementos de prova que, já documentados em procedimento investigatório realizado por órgão com competência de polícia judiciária, digam respeito ao exercício do direito de defesa	14
SV 13	A nomeação de cônjuge, companheiro ou parente em linha reta, colateral ou por afinidade, até o terceiro grau, inclusive, da autoridade nomeante ou de servidor da mesma pessoa jurídica investido em cargo de direção, chefia ou assessoramento, para o exercício de cargo em comissão ou de confiança ou, ainda, de função gratificada na administração pública direta e indireta em qualquer dos Poderes da União, dos Estados, do Distrito Federal e dos Municípios, compreendido o ajuste mediante designações recíprocas, viola a Constituição Federal	13

Fonte: Elaborada pelo autor, 2022.

A insistência na pesquisa das reclamações no Supremo se justifica por uma questão metodológica simples: sendo essa ação vocacionada à tutela da garantia da autoridade e da competência do Supremo (art. 102, I, l da CF), a análise do modo em que se tem por violada a autoridade de suas decisões em súmulas é um indicativo de referência acerca de seus alcances.

De fato, o CPC deu tratamento inovador à reclamação no art. 988, possibilitando o manejo perante qualquer tribunal. Embora a CF já previsse ao Supremo a competência para o julgamento de reclamação para a "preservação de sua competência e garantia da autoridade de suas decisões" (art. 102, l), o inciso III do art. 988 aduziu cabê-la para "garantir a observância de enunciado de súmula vinculante e de decisão do Supremo Tribunal Federal em controle concentrado de constitucionalidade", bem como em acórdão de RE julgado em repetitivo ou de RE com repercussão geral – nesses últimos casos desde que esgotadas as instâncias ordinárias.

Sem embargo da discussão da controvérsia da natureza jurídica da reclamação, prevalecendo a opinião de se tratar de ação, sobreleva notar a característica pouco ressaltada de o instrumento propiciar espécie de interpretação autêntica por parte do órgão que emanou o *decisum* violado. Utiliza-se a expressão "interpretação autêntica" na acepção de interpretação (como atividade ou produto) decorrente do mesmo autor do ato-documento-texto a ser interpretado, explicando Modugno tratar-se também de modalidade de "interpretação oficial", tendo raiz na ideia geral de que o sujeito que emanou o ato saberia melhor explicar seu alcance.[196]

Em tópico precedente, viram-se as discussões feitas em cada um dos enunciados mencionados ao momento da deliberação para suas formações. Nesse momento, importa a abordagem de algumas aplicações práticas desses enunciados para o fim de perquirir seus graus de vinculação e eficácia.

A SV nº 10 aduz-se ser violadora da regra da cláusula de plenário a decisão que afasta a incidência de lei ou ato normativo sem prévia declaração de inconstitucionalidade pelo juízo natural a tanto, que é o tribunal enquanto composição plenária.

Um dos casos de maior incidência diz respeito a decisões de tribunais do trabalho que negavam vigência à possibilidade de terceirização de atividades fim prevista pela Lei nº 8.987/95, art. 25, §1º, cujo teor era afastado sem prévia decretação de inconstitucionalidade do dispositivo.[197]

Outro caso de incidência é relacionado a decisões de negativa de vigência também pela justiça do trabalho, tratando-se do afastamento do art. 71, §1º da Lei nº 8.666/93 e de imposições de responsabilidade automática da Administração (sem análise da culpa na conduta) pelo inadimplemento de obrigações trabalhistas pelas suas contratadas.[198]

Discorrendo sobre o assunto, Ives Gandra observa que a postura do TST, nesses casos, é refratária à letra da lei bem como à jurisprudência

---

[196] MODUGNO, 2012, p. 315.
[197] Citem-se as seguintes reclamações: 27068, 27173, 22882, 34461, 33119, 33786, 34652, 35454 etc.
[198] Nesse sentido: RCL 34168, 40141, 40560, 16846, 40505, 40942, 15052 etc.

do Supremo em matéria trabalhista, observando a atuação de juízes de perfis mais "ideológicos" e contrários, por exemplo, à reforma trabalhista de 2017.[199] Quanto à imposição de responsabilidade subsidiária, mesmo com a sinalização do Supremo, "especialmente através do acolhimento de dezenas de reclamações contra decisões do TST atributivas de responsabilidade subsidiária à administração pública", observa o autor que, mesmo assim, "a Corte Superior trabalhista continua impondo a responsabilidade em mais de 80% dos casos à Administração Pública, insistindo na tese do ônus da prova da entidade pública. Ou seja, a exceção virou regra para o TST".[200]

O enunciado vinculante de nº 37, por sua vez, diz: "Não cabe ao Poder Judiciário, que não tem função legislativa, aumentar vencimentos de servidores públicos sob o fundamento da isonomia". Como enfatizado, sua conversão em súmula vinculante decorreu do esforço vinculatório de anterior súmula simples com mesma redação (339).

Acerca, ainda, do produto enquanto tese jurídica e sua eficácia, importante analisar de que forma o Supremo admite que decisões a "relativizem" ou escapem de seu âmbito normativo, operação de afastamento conhecida como distinção.

A começar, a SV 11:

> Só é lícito o uso de algemas em casos de resistência e de fundado receio de fuga ou de perigo à integridade física própria ou alheia, por parte do preso ou de terceiros, justificada a excepcionalidade por escrito, sob pena de responsabilidade disciplinar, civil e penal do agente ou da autoridade e de nulidade da prisão ou do ato processual a que se refere, sem prejuízo da responsabilidade civil do Estado.

Em que pese sua redação, firmou-se em precedente que a falta de apoio policial no fórum é fato bastante que justifica o uso de algemas, consoante RCL 9.470.[201]

---

[199] MARTINS FILHO, Ives Gandra da Silva. Confronto entre TST e STF: uma análise psicológica do direito. *Consultor Jurídico*, São Paulo, 21 out. 2020. Disponível em: https://www.conjur.com.br/2020-out-21/gandra-filho-tst-stf-analise-psicologica-direito. Acesso em: 25 abr. 2022.
[200] MARTINS FILHO, 2020.
[201] RCL 9470 AgR. Relator: Min. Roberto Barroso, Primeira Turma, julgado em 28 de outubro de 2014.

Também no caso da SV sobre o nepotismo, de nº 13:

A nomeação de cônjuge, companheiro ou parente em linha reta, colateral ou por afinidade, até o terceiro grau, inclusive, da autoridade nomeante ou de servidor da mesma pessoa jurídica investido em cargo de direção, chefia ou assessoramento, para o exercício de cargo em comissão ou de confiança ou, ainda, de função gratificada na administração pública direta e indireta em qualquer dos poderes da União, dos Estados, do Distrito Federal e dos Municípios, compreendido o ajuste mediante designações recíprocas, viola a Constituição Federal.

Exclui-se do âmbito de aplicação da tese os casos em que o cargo a ser ocupado for de natureza política (RE 825.682, Rel. Teori Zavascki, 10.02.2015),[202] além do que se afirma que sua redação não esgotaria formas outras de configuração do ilícito nepotismo (RCL. 1541, Rel. Dias Toffoli, julgado em 27.2.2014).

Também há precedente que aplica a vedação a caso de Governador que nomeia irmão para cargo do tribunal de contas estadual, na medida em que conselheiros não se enquadrariam na categoria de agentes políticos, sendo possivelmente afrontoso a princípios republicanos esse tipo de nomeação (RCL 6.702 MC-Agr).[203]

Há decisão de que a caracterização do nepotismo prescinde de demonstração de intenção de violação da prática antirrepublicana e de obtenção de vantagem com o favorecimento de parentes a quem exerça poder na esfera pública (MS 27.945).[204]

Na ADI, também sobre o tema, sublinhou-se que os servidores concursados não são impedidos para nomeação, já que a vedação ao nepotismo se refere apenas a cargos de provimento em comissão. Estaria

---

[202] No RE 579.951, Rel. Min. Lewandowski, decidiu-se que: "Então, quando o artigo 37 refere-se a cargo em comissão e função de confiança, está tratando de cargos e funções singelamente administrativos, não de cargos políticos. Portanto, os cargos políticos estariam fora do alcance da decisão que tomamos na ADC nº 12, porque o próprio Capítulo VII é Da Administração Pública enquanto segmento do Poder Executivo. E sabemos que os cargos políticos, como por exemplo, os de Secretário Municipal, são de agentes do Poder, fazem parte do Poder Executivo. O cargo não é em comissão, no sentido do artigo 37. Somente os cargos e funções singelamente administrativos – é como penso – são alcançados pela imperiosidade do artigo 37, com seus lapidares princípios. Então, essa distinção me parece importante para, no caso, excluir do âmbito da nossa decisão anterior os Secretários Municipais, que correspondem a Secretários de Estado, no âmbito dos Estados, e Ministros de Estado, no âmbito federal" (RE 579951. Relator: Min Teori Zavascki, julgado em 10 de fevereiro de 2015).

[203] RCL 6702 MC-AgR. Relator: Min. Ricardo Lewandowski, Tribunal Pleno, julgado em 04 de março de 2009.

[204] MS 27945. Relatora: Min. Cármen Lúcia, Segunda Turma, julgado em 26 de agosto de 2014.

abrangida pela súmula a prática do nepotismo cruzado, situação de troca de favores entre autoridades nomeantes (como ressaltado no MS 24.020).[205]

Mesmo com o extrato sumular, situações das mais variadas em precedentes surgem. O alcance da súmula – portanto, da tese jurídica – é concretizado na aplicação de sua norma em casos. Parece claro, ademais, que o modo de aplicação de súmulas assemelha-se ao da aplicação de lei, sendo distinto do raciocínio analógico presente na interpretação e aplicação de precedentes.

Daí a razão pela qual não seja correto falar-se em distinção ou *distinguishing*, no caso de excepcionar a aplicação de uma súmula enquanto tese; agora, tratando-se dos precedentes que inspiraram a súmula, caso esses sejam invocados, o raciocínio poderá ser o da distinção.

Outro exemplo é o da SV 12 ("A cobrança de taxa de matrícula nas universidades públicas viola o disposto no art. 206, IV, da Constituição Federal"); o alcance da súmula pode ser ampliado por situações análogas, caso em que pode ser usada a tese para essa fundamentação (primeiro caso) ou podem ser usados os precedentes que deram ensejo à súmula para, a partir desses, falar-se em distinção de casos, segundo casos a seguir:[206]

> TAXA DE INSCRIÇÃO EM PROCESSO SELETIVO SERIADO – INGRESSO NO ENSINO SUPERIOR – UNIVERSIDADE PÚBLICA – ARTIGO 206, INCISO IV, DA CONSTITUIÇÃO FEDERAL. O mesmo raciocínio utilizado na elaboração do Verbete Vinculante nº 12 deve ser observado nas hipóteses de cobrança de taxa para inscrição de processo seletivo seriado em Universidade Pública, considerada a gratuidade do ensino público em estabelecimentos oficiais.[207]

> [...] à primeira vista, afigura-se plausível a pretensão do reclamante no sentido de que a decisão impugnada teria aplicado indevidamente

---

[205] MS 24020. Relator: Min. Joaquim Barbosa, Segunda Turma, julgado em 06 de março de 2012.

[206] Para Clayton Maranhão, à aplicação da súmula parece ser essencial a análise de seus precedentes, daí por que discorre sobre a possibilidade de distinções de casos a partir de súmulas mesmo. Cf. MARANHÃO, Clayton. O dever constitucional da fundamentação da sentença e o novo código de processo civil de 2015: estudo de caso a respeito dos precedentes judiciais em matéria constitucional e o padrão máximo de fundamentação no direito brasileiro. *Revista Eletrônica de Direito Processual*, Rio de Janeiro, ano 10, v. 17, n. 2, p. 101-119, jun./dez. 2016.

[207] AI 748.944. Relator: Min. Marco Aurélio, Primeira Turma, julgamento em 5 de agosto de 2014.

o enunciado da Súmula Vinculante nº 12: [...] Isso porque, da análise dos autos, pode-se constatar que a reclamante, Universidade Federal do Ceará, está cobrando taxa de matrícula para os cursos de línguas estrangeiras, realizados dentro do Projeto "Casas de Cultura Estrangeira" (fls. 55-56), e não para a matrícula em seus cursos de graduação. A análise dos precedentes desta Suprema Corte que motivaram a aprovação da Súmula Vinculante nº 12 não tratam de qualquer curso realizado pelas universidades públicas, mas apenas dos cursos de ensino superior. [...] Ante o exposto, defiro a medida liminar para suspender a decisão [...].[208]

3.4.3 No Recurso Extraordinário

O Recurso Extraordinário (RE) é visto como medida recursal que tem por escopo a integridade interpretativa do sistema jurídico-constitucional, embora, conhecendo-o, o Supremo "julgará a causa, aplicando o direito à espécie" (Súmula 456, STF e art. 1034 do CPC), querendo dizer isso que o conflito concreto é resolvido, como explica Rodolfo Mancuso, de maneira indireta:

> aparece como um efeito "indireto" ou "reflexo" de resposta jurisdicional, já que, como antes dito, a finalidade precípua dos recursos excepcionais é a de propiciar aos *Tribunais da Federação* o zelo pela validade, autoridade interpretativa e, enfim, pela *inteireza positiva* do direito constitucional, na expressiva locução de Pontes de Miranda, o mesmo se aplicando ao direito federal comum, no âmbito do STJ.[209]

Daí por que enumeram-se como funções do Recurso Extraordinário que o caracterizam: função nomofilácica, na acepção de que estão vocacionados à unidade interpretativa do direito e à conservação da interpretação da norma; função uniformizadora, de modo a evitar que tribunais julguem de forma diferente as mesmas normas em jogo, importância decorrente da federação como organização do Estado; função dikelógica, ligada à justiça do caso concreto, e como dito, é vista como função indireta, "na medida em que, ainda que com menor intensidade, também por meio dos recursos excepcionais o direito deve ser corretamente aplicado ao caso concreto",[210] e função paradigmática,

---

[208] RCL na MC 8.596. Relator: Min. Gilmar Mendes, julgamento em 10 de julho de 2009.
[209] MANCUSO, Rodolfo de Camargo. *Recurso extraordinário e recurso especial*. 14. ed. São Paulo: Thomson Reuters Brasil, 2018, p. 160.
[210] JORGE, Flávio Cheim; SIQUEIRA, Thiago Ferreira. Função e técnica de julgamento dos Recursos Extraordinário e Especial. *Revista de Processo*, ano 44, v. 295, p. 165-192, set. 2019.

no sentido de que as decisões exaradas devem ser objeto de respeito e consideração para os tribunais vinculados.

Nos termos do art. 102, III, da CF, compete ao STF a "guarda da Constituição", cabendo-lhe julgar em RE as causas decididas em única ou última instância (sobrelevando-se, pois, o órgão como estrutura de cúpula), quando: a) contrariar dispositivo da Constituição, b) declarar inconstitucionalidade de tratado ou lei federal, c) julgar validade lei ou ato de governo local contestado em face da Constituição e d) julgar validade lei local contestada em face de lei federal. Não é preciso esforço, pelo próprio teor das causas constitucionais, para o ingresso do RE, bem assim a posição institucional do órgão e sua função de guarda do Texto Maior, concluir que são prevalecentes as duas funções primeiras listadas (nomofilácica e uniformizadora do direito).

Porém, mais do que a diretriz nomofilácica, a vocação que vem se consolidando é a de que referidos pronunciamentos representem, também, interpretação expansiva para os demais juízes e tribunais.

É que, com a EC 45/2004, o RE passou a contar com novo requisito de admissibilidade: a repercussão geral da questão constitucional discutida (art. 103, §3º da CF), exigindo-se do recorrente a demonstração de que o caso apresente questões relevantes do ponto de vista econômico, político, social ou jurídico que ultrapassem os requisitos subjetivos do processo (art. 1035, §1º do CPC). Isso demonstra que o recurso tem por finalidade, sobretudo, a ordem jurídica e a pacificação interpretativa da discussão, para além de resolver pontualmente o caso, aproximando-o, nesse ponto, ao controle objetivo de constitucionalidade:

> Art. 1.035. O Supremo Tribunal Federal, em decisão irrecorrível, não conhecerá do recurso extraordinário quando a questão constitucional nele versada não tiver repercussão geral, nos termos deste artigo.
> [...]
> §1º Para efeito de repercussão geral, será considerada a existência ou não de questões relevantes do ponto de vista econômico, político, social ou jurídico que ultrapassem os interesses subjetivos do processo.
> [...]
> §5º Reconhecida a repercussão geral, o relator no Supremo Tribunal Federal determinará a suspensão do processamento de todos os processos pendentes, individuais ou coletivos, que versem sobre a questão e tramitem no território nacional.

Ao momento da análise da repercussão geral poderá ser admitida a manifestação de terceiros (*amicus curiae*, art. 1035, §4º e art. 138,

CPC), e, se a orientação fixada não for observada pelos demais juízos, poderá a parte valer-se de reclamação (art. 988, §5º, II, quando findada a discussão nas instâncias ordinárias); além disso, uma vez reconhecida a repercussão geral da questão constitucional,, o relator no STF "determinará a suspensão de todos os processos pendentes, individuais e coletivos, que versem sobre a questão e tramitem no território nacional" (art. 1035, §5º), tudo a demonstrar, pois, a natureza marcadamente objetiva do recurso.[211]

Como expõe Henrique Mouta, a "análise de transcendência da matéria constitucional está ligada ao novo papel das decisões oriundas do STF e a própria objetivação de seus julgamentos", visto como "instrumentos voltados à diminuição do tempo de duração dos processos e a ampliação do caráter vinculante de suas interpretações constitucionais".[212]

Já em 2006, explicava o Min. Sepúlveda Pertence a tendência no "sentido da crescente contaminação da pureza dos dogmas do controle difuso, pelos princípios reitores do método concentrado"; portanto, sendo o Tribunal detentor do monopólio do controle direto e da palavra final sobre a validade das normas no controle incidental, seria lícito concluir que:

> [...] no recurso extraordinário – via por excelência da solução definitiva das questões incidentais de inconstitucionalidade das leis –, a realização da função jurisdicional, para o Supremo Tribunal, é um meio mais que um fim: no sistema do controle *incidenter* em especial do recurso extraordinário, o interesse particular dos litigantes, como na cassação [aqui, referindo-se às lições de Calamandrei no sistema italiano], é usado *'como elemento propulsor posto a serviço do interesse público'*, que aqui é a guarda da Constituição, para a qual o Tribunal existe.[213]

---

[211] Essa tendência, inclusive, se vê plasmada na jurisprudência do próprio Tribunal, que, em oportunidades distintas, assentou: inobstante o falecimento da parte, e objetivado o processo com reconhecimento da repercussão geral, o julgamento deve prosseguir a fim de que a tese seja fixada, independentemente do interesse subjetivo em curso (RE 657.718 AgR/MG) ou mesmo havendo a perda superveniente do interesse de agir, o julgamento, no entanto, prossegue para a fixação da tese (RE 647.827-PR).

[212] ARAÚJO, José Henrique Mouta. Recurso extraordinário com repercussão geral e aproximação dos sistemas de controle de constitucionalidade. *Migalhas*, São Paulo, 12 mar. 2021. Disponível em: https://www.migalhas.com.br/depeso/341672/recurso-extraordinario-com-repercussao-geral-e-aproximacao-dos-sistema. Acesso em: 18 jul. 2022.

[213] SE 5206, AgR. Relator: Min. Marco Aurélio, Tribunal Pleno, julgado em 12 de dezembro de 2001 (grifo nosso).

Portanto, a repercussão geral, como requisito recursal, delimita a competência do Supremo para causas relevantes do ponto de vista social, político, econômico ou jurídico, para além do interesse das partes recorrentes.

Quanto à dinâmica de julgamento, deve a parte narrar a existência de interesses relevantes que justifiquem o conhecimento do RE; enquanto demonstração, a verificação dessa narrativa é de competência concorrente dos tribunais e do Supremo; já a efetiva existência (a caracterização) da repercussão geral é de exclusividade do STF (art. 1035, §1º, CPC).

O processamento do recurso assim ocorre: admitida a controvérsia no tribunal de origem, o relator delimita o tema objeto e o apresenta para julgamento.

Vejam-se exemplos de casos com repercussão geral não reconhecida pelo Supremo:[214]

– Tema 07: Recurso extraordinário em que se discute, à luz do art. 5º, XXXIII, XXXIV, "b", XXXV, XXXVI e LXXVIII, da Constituição Federal, a possibilidade, ou não, de o juiz reduzir, de ofício, multa fixada em sentença, no caso de descumprimento de obrigação de fazer.

– Tema 21: Recurso extraordinário em que se discute, à luz dos artigos 5º, II; 21, XI; 37; 98, I; e 175, da Constituição Federal, a possibilidade, ou não, de cobrança de ligações telefônicas sem a especificação dos pulsos excedentes à franquia mensal, bem como a justiça competente para processar e julgar as causas respectivas.

– Tema 35: Recurso extraordinário em que se discute, à luz dos artigos 5º, XXXVI e LIV; 37, XXI; 98, I; 109, I; 170, V, da Constituição Federal, a legalidade, ou não, da cobrança de assinatura básica mensal do serviço de telefonia e qual a Justiça competente para processar e julgar a ação respectiva.

– Tema 1123: Recurso extraordinário em que se discute à luz dos artigos 1º, III, e 7º, I e III, da Constituição Federal o direito à execução da multa de 40% sobre o Fundo de Garantia do Tempo de Serviço (FGTS), prevista no artigo 18, §1º, da Lei 8.036/1990, quando não expressamente constante do título executivo judicial.

---

[214] BRASIL. Supremo Tribunal Federal. *Listas Repercussão Geral*. Brasília, DF: STF, 2017b. Disponível em: http://portal.stf.jus.br/textos/verTexto.asp?servico=jurisprudenciaRepercussaoGeral&pagina=listas_rg. Acesso em: 20 jul. 2022.

– Tema 1093: Necessidade de edição de lei complementar visando a cobrança da Diferença de alíquota do ICMS – DIFAL nas operações interestaduais envolvendo consumidores finais não contribuintes do imposto, nos termos da Emenda Constitucional nº 87/2015.

Essa pequena mostra é suficiente para afirmar que o Tribunal segue um mesmo padrão para a análise da questão jurídica envolvida: um tema é resumido junto ao recurso admitido, concluindo-se o órgão, a partir do resumo fixado pelo tema, pela existência ou não de repercussão geral ao caso.

A análise ocorre de forma virtual (plenário virtual): quando não for o caso de inadmissão por outro motivo, o relator, eletronicamente, submete cópia de manifestação sobre a existência ou não de repercussão geral (art. 323, RISTF); os ministros, havendo quórum, avaliam se há matéria constitucional (maioria absoluta) e de repercussão geral a ser julgada (neste, a negativa exige dois terços dos ministros, conforme comando constitucional), de forma também eletrônica. É comum, na dinâmica, que apenas o relator fundamente sua posição.[215]

A partir de 2020, porém, o Supremo passou a adotar sistemática diferenciada, dando poderes ao relator de negar a repercussão geral com eficácia ao caso concreto (art. 326, §1º a §4º do RISTF, com redação pela Emenda Regimental nº 54, de 2020). Havendo recurso em face da negativa do relator, a decisão de restringir eficácia ao caso concreto deverá ser confirmada por dois terços dos ministros para prevalecer; se não confirmada pelo quórum mencionado, o feito é redistribuído, sem que implique reconhecimento da repercussão geral automaticamente. Nessa última hipótese, novo relator será sorteado e prosseguirá com exame de admissibilidade na forma narrada no parágrafo anterior.

Veja-se, *v.g*, decisão do relator que reconheceu a repercussão geral para o RE 573.872,[216] com a seguinte descrição: "Recurso extraordinário em que se discute, à luz dos arts. 37, *caput*, e 100, §1º e §4º, da Constituição Federal, a possibilidade de execução provisória de obrigação de fazer contra a Fazenda Pública":

---

[215] Como explica Damares Medina: "Os acórdãos do plenário virtual são marcados pela argumentação sucinta, com escassos recursos à doutrina, o que pode ser creditado, em grande parte, ao fato de se tratar de um julgamento preliminar (de menor complexidade) ao qual o tribunal procura imprimir um maior grau de dinamismo e celeridade (daí, inclusive, o emprego do meio eletrônico). O menor acórdão tem uma página (tema 393) e o maior 24 (tema 186)" [MEDINA, Damares. *A repercussão geral no Supremo Tribunal Federal*. São Paulo: Saraiva, 2016, p. 158 (Série IDP: linha pesquisa acadêmica)].

[216] RE 573872. Relator: Min. Edson Fachin, Tribunal Pleno, julgado em 24 de maio de 2017.

Trata-se de recurso extraordinário contra acórdão do Tribunal Regional Federal da 4ª Região que confirmou sentença que determinou a expedição de precatório sem o necessário trânsito em julgado. Decidiu-se, portanto, pela aplicabilidade do art. 475-O do Código de Processo Civil à execução provisória contra a Fazenda Pública (União). No RE, interposto com base no art. 102, III, "a", da Constituição Federal, alegou-se violação aos arts. 37, *caput*, e 100, §§1º e 4º, da mesma Carta. A recorrente sustenta existir repercussão geral na medida em que há uma massa de processos envolvidos, já que é óbvia a utilização, exclusiva, do instrumento do precatório (e RPV), com o escopo de adimplemento dos débitos judiciais da União (fl. 63). Óbvia, também, é, a seu ver, a repercussão monetária de milhões dessas demandas no Erário, que representam um passivo judicial da União que ultrapassa a cifra de bilhões de reais. A causa possui repercussão geral. A questão constitucional apresenta relevância do ponto de visto econômico, social e jurídico. Ademais, o tema se reproduz em múltiplos feitos com fundamento em idêntica controvérsia. É o que se percebe de recentes julgados desta Corte: RE 463.936-ED/PR, Rel. Min. Joaquim Barbosa, AI 656.770/RJ, Rel. Min. Cármen Lúcia, RE 474.680/RS, Rel. Min. Celso de Mello; AC 1.546-AgR/GO, Rel. Min. Carlos Britto, entre outros. Isso posto, manifesto-me pela existência de repercussão geral no presente recurso extraordinário, nos termos do art. 543-A, §1º, do Código de Processo Civil, combinado com o art. 323, §1º, do RISTF.

Aliás, bom ressaltar que o próprio CPC prevê que a "súmula da decisão sobre a repercussão geral constará de ata, que será publicada no diário oficial e valerá como acórdão" (art. 1.035, §11).

Reconhecida a repercussão geral e julgado o mérito do RE, o tribunal divulga as teses de julgamento. No exemplo acima, o recurso teve a seguinte tese: "a execução provisória de obrigação de fazer em face da Fazenda Pública não atrai o regime constitucional dos precatórios".

Abaixo foram listados cinco julgamentos ocorridos antes da vigência do CPC atual e outros na vigência desse diploma:

– Tema 001/ Paradigma: 559937/ Tese: É inconstitucional a parte do art. 7º, I, da Lei 10.865/2004 que acresce à base de cálculo da denominada PIS/COFINS-Importação o valor do ICMS incidente no desembaraço aduaneiro e o valor das próprias contribuições. Data da tese: 23.03.2013

– Tema 002/ Paradigma: RE 560626/ Tese: I – Normas relativas à prescrição e decadência em matéria tributária são reservadas à lei complementar; II – São inconstitucionais o parágrafo único do artigo 5º do Decreto-Lei 1.569/1977 e os artigos 45 e 46 da Lei 8.212/1991. Data da tese: 16.06.2008

– Tema 003/ Paradigma: RE 559943/ Tese: São inconstitucionais o parágrafo único do artigo 5º do Decreto-Lei 1.569/1977 e os artigos 45 e 46 da Lei 8.212/1991, que tratam de prescrição e decadência de crédito tributário. Data da tese: 16.06.2008

– Tema 040/ Paradigma: RE 500171/ Tese: A cobrança de taxa de matrícula nas universidades públicas viola o disposto no art. 206, IV, da Constituição Federal. Data da tese: 13.08.2008

– Tema 0066/ Paradigma: RE 579951/ Tese: A vedação ao nepotismo não exige a edição de lei formal para coibir a prática, dado que essa proibição decorre diretamente dos princípios contidos no art. 37, caput, da Constituição Federal. Data da tese: 20.08.2008

Sob a égide do Novo CPC, elencam-se os seguintes temas:

– Tema 0365/ Paradigma: RE 580252/ Tese: Considerando que é dever do Estado, imposto pelo sistema normativo, manter em seus presídios os padrões mínimos de humanidade previstos no ordenamento jurídico, é de sua responsabilidade, nos termos do art. 37, §6º, da Constituição, a obrigação de ressarcir os danos, inclusive morais, comprovadamente causados aos detentos em decorrência da falta ou insuficiência das condições legais de encarceramento. Data da tese: 16.02.2017.

– Tema 0366/ Paradigma: RE 136861/ Tese: Para que fique caracterizada a responsabilidade civil do Estado por danos decorrentes do comércio de fogos de artifício, é necessário que exista a violação de um dever jurídico específico de agir, que ocorrerá quando for concedida a licença para funcionamento sem as cautelas legais ou quando for de conhecimento do poder público eventuais irregularidades praticadas pelo particular. Data da tese: 11.03.2020.

– Tema 0370/ Paradigma: RE 601182/ Tese: A suspensão de direitos políticos prevista no art. 15, inc. III, da Constituição Federal aplica-se no caso de substituição da pena privativa de liberdade pela restritiva de direitos. Data da tese: 08.05.2019.

– Tema 0385/ Paradigma: RE 594015/ Tese: A imunidade recíproca, prevista no art. 150, VI, a, da Constituição não se estende a empresa privada arrendatária de imóvel público, quando seja ela exploradora de atividade econômica com fins lucrativos. Nessa hipótese é constitucional a cobrança do IPTU pelo Município. Data da tese: 06.0.2017.

Como se vê, não é de agora que a decisão e a divulgação dos feitos dão ênfase à tese fixada no julgamento do RE. Não se mencionam particularidades dos casos relacionados aos temas admitidos no recurso. O próprio CPC, regulando a divulgação das decisões que reconhecem a repercussão geral, dispõe que "a súmula da decisão sobre a repercussão geral constará de ata, que será publicada no diário oficial e valerá como acórdão".

As razões pelas quais a dinâmica de julgamento do RE pelo Tribunal opta pelo resumo do caso tanto ao momento inicial (tema de julgamento) como do resulta de seu mérito (tese de julgamento) mereceriam um estudo à parte. Uma delas, porém, pode ser identificada a partir de depoimento sincero de um dos ministros do STF, que, em entrevista, afirmou:

> Na grande maioria dos casos, os ministros não leem o relatório, basicamente porque há muito serviço para ler, mas também pelo fato de que muitos relatórios são muito extensos [...]. Em outras palavras o relatório, na prática, acaba não exercendo a sua função.[217]

De qualquer forma, evidencia-se a preferência em teses jurídicas, que, como teorizado, pode ser visto como produto-judicial.[218]

Retornando ao precedente judicial e seu elemento vinculante, assentou-se que é a *ratio decidendi* o elemento que vincula na decisão capaz de influenciar julgados posteriores. Na tradição do *common law*, um *case law* é dissecado analisando-se seus fatos materiais, o histórico processual, as questões legais, a *holding* e sua *rationale*.[219] Viu-se ser adequado concluir que menor importância é dada aos fatos materiais da causa em RE; seja no momento de eleição do tema objeto do recurso, seja no momento de julgamento e divulgação por meio da tese de julgamento, tem-se que a preocupação do Tribunal é atuação que se centra em dirimir dúvidas interpretativas de ordem geral.

Por outro lado, há opiniões como as de Marinoni, no sentido de que a sistemática da repercussão geral reforçaria a ideia de precedente constitucional vinculante às decisões do Supremo:

---

[217] SILVA, Virgílio Afonso da. "Um voto qualquer?" o papel do ministro relator na deliberação no Supremo Tribunal Federal. *Revista Estudos Institucionais*, v. 1, n. 1, p. 180-200, 2015. Disponível em: https://estudosinstitucionais.com/REI/article/view/21. Acesso em: 19 jul. 2022.
[218] Cf. Item 3.3.2.
[219] FINE, 2011, p. 70-71.

Como a questão constitucional com repercussão geral necessariamente tem relevante importância à sociedade e ao Estado, a decisão que a enfrenta, por mera consequência, assume outro *status* quando comparada às decisões que o Supremo Tribunal Federal antigamente proferia. Este novo *status* da decisão da Suprema Corte contém, naturalmente, a ideia de precedente constitucional obrigatório ou vinculante. Decisão de questão constitucional dotada de repercussão geral com efeitos não vinculantes constitui contradição em termos. Não há como conciliar a técnica de seleção de casos com a ausência de efeito vinculante, já que isso seria o mesmo que supor que a Suprema Corte se prestaria a selecionar questões constitucionais caracterizadas pela relevância e pala transcendência e, assim, permitir que estas pudessem ser tratadas de formas diferentes pelos diversos tribunais e juízos inferiores. A ausência de efeito vinculante constituiria mais uma afronta à Constituição Federal, desta vez à norma do art. 102, §3º, que deu ao Supremo Tribunal Federal a incumbência de atribuir – à luz do instituto da repercussão geral – unidade ao direito mediante a afirmação da Constituição.[220]

Essa conclusão é lícita diante do observado na dinâmica da corte? Seria essencial, para o RE, unicamente a figura do precedente constitucional? Ou o correto é considerar que se trata de julgamentos de casos com vistas a resolução de dúvidas interpretativa de ordem geral, resultando no produto decisório chamado de tese jurídica?

Na esteira dos levantamentos anteriores, passe-se à análise da questão dos efeitos das decisões firmadas em RE.

Quanto aos temas que tiveram méritos julgados procedentes, acima listados; observe-se que, quanto aos temas 001, 002 e 003, a decisão aduz serem inconstitucionais os artigos de lei que especificam.[221] Como parece claro, a tese fixada é autossuficiente, já que representa decisão em controle de constitucionalidade que conclui pela nulidade das referidas normas.

Por outro lado, temas como 0066, que diz que a vedação não exigiria lei formal, decorrendo a proibição diretamente dos princípios da Constituição, a conclusão do julgado apresenta tese interpretativa no sentido de excluir qualquer orientação que tenha por pressuposto lei expressa na regulamentação da vedação à prática do nepotismo. Observe-se, porém, que o precedente – vale dizer, suas nuances e o caso

---

[220] MARINONI, 2010, p. 472-473.
[221] Respectivamente, a Lei nº 10.865/2004, art. 7, I, que previa base de cálculo ao PIS/COFINS-Importação valor que não lhe poderia compor e a inconstitucionalidade dos arts. 45 e 46 da Lei nº 8.121/91, que versavam sobre prescrição e decadência em matéria tributária, na medida em que o tema só poderia ser objeto de Lei Complementar.

concreto que o originou – pode ser de especial valia para a análise dos fatos caracterizados como nepotismo, na medida em que a abertura do termo resvala em outras possíveis situações. Vale lembrar, como dito, que a nomeação de parente para cargo político, em tese, não a caracteriza, conforme o mesmo Supremo já decidiu.

Bem assim, o Tema 0365, que tratou do dever do Estado na obrigação de ressarcir os danos, inclusive os de ordem moral, "comprovadamente causados aos detentos em decorrência da falta ou insuficiência das condições legais de encarceramento", quando os presídios carecerem de "padrões mínimos de humanidade"; aqui, de igual modo, faz-se necessário o exemplo do precedente do qual a tese decorreu: qual teria sido, em concreto, a conduta (comissiva ou omissiva) que fez o Judiciário reconhecer o direito à indenização? De fato, a tese exposta deixa claro que há o dever de manter os padrões mínimos de humanidade nos estabelecimentos prisionais, o que afasta argumentos como o de completa isenção estatal, inclusive por falta de recursos, em casos de reparação de danos relacionados ao tema.

Mutatis mutandi, as mesmas observações aplicam-se ao caso da responsabilidade civil estatal por danos decorrentes do comércio de fogos de artifício, em casos de funcionamento do estabelecimento sem as cautelas legais ou quando de conhecimento do poder público irregularidades do comerciante, tese essa concluída a partir do Tema 0366.

Outros exemplos podem ser listados:

Por ocasião do RE 1307334[222] (tema 1127 RG), fixou-se a tese: "É constitucional a penhora de bem de família pertencente a fiador de contrato de locação, seja residencial, seja comercial". Havia dúvida se o alcance do art. 3º da Lei nº 8.009/90[223] abrangia locações comerciais, o que se decidiu positivamente.

A tese desse julgamento já esclarece o alcance do direito vigente, ao deixar clara a constitucionalidade da interpretação da exceção da impenhorabilidade ao bem de família também para locações comerciais. Porém, apenas imiscuindo-se nos detalhes do julgamento é que se poderá verificar os motivos pelos quais se reputou proporcional

---

[222] RE 1307334. Relator: Min. Alexandre de Moraes, Tribunal Pleno, julgado em 09 de março de 2022.

[223] "A impenhorabilidade é oponível em qualquer processo de execução civil fiscal, previdenciária, trabalhista ou de outra natureza, salvo se movido [...] VII – por obrigação decorrente de fiança concedida em contrato de locação" (BRASIL. *Lei nº 8.009, de 29 de março de 1990*. Dispõe sobre a impenhorabilidade dos bens de família. Brasília, DF: Presidência da República, 1990. Disponível em: http://www.planalto.gov.br/ccivil_03/leis/l8009.htm. Acesso em: 22 jul. 2022).

e razoável a exceção do inciso VII mesmo para contrato de locação, oportunidade em que a Corte esclareceu:

> A exceção à regra da impenhorabilidade do bem de família contida no inciso VII do art. 3º da Lei 8.009/1990 (1) é necessária, proporcional e razoável, mesmo na hipótese de locação comercial. É necessária e proporcional, pois os outros meios legalmente aceitos para garantir o contrato de locação comercial, tais como caução e seguro-fiança, são mais custosos para grande parte dos empreendedores. Dessa forma, a fiança afigura-se a garantia que melhor propicia ganhos em termos da promoção da livre iniciativa, da valorização do trabalho e da defesa do consumidor. Já a razoabilidade se assenta no fato de que o fiador tem livre disposição dos seus bens, o que deixa patente que a restrição ao seu direito de moradia encontra guarida no princípio da autonomia privada e da autodeterminação das pessoas, que é um princípio que integra a própria ideia ou direito de personalidade. Com esses entendimentos, ao apreciar o Tema 1127 da repercussão geral, o Plenário, por maioria, negou provimento ao recurso extraordinário.[224]

Conclui-se, pois, que, relativamente aos recursos extraordinários, enquanto produto-judicial, a decisão pode ser vista como tese jurídica ou precedente judicial, verificando-se, tanto na dinâmica de votação, quanto na exposição do resultado, que se dá proeminência ao primeiro.

As teses jurídicas são mais bem esclarecidas a partir dos casos concretos dos Recursos Extraordinários (os *leading cases*). Existem, pois, ambos os produtos judiciais que se combinam e fazem parte do esclarecimento do direito vigente. Nada impede, porém, que a tese jurídica seja emitida de modo a tentar resumir a *ratio decidendi* do precedente em RE.

Thais Schilling Ferraz aponta alguns exemplos de teses nesse sentido:

> a. "A Emenda Constitucional 10/1996, especialmente quanto ao inciso III do art. 72 do ADCT, é um novo texto e veicula nova norma, não sendo mera prorrogação da Emenda Constitucional de Revisão 1/1994, devendo, portanto, observância ao princípio da anterioridade nonagesimal, *porquanto majorou a alíquota da CSLL para as pessoas jurídicas referidas no §1º do art. 22 da Lei nº 8.212/1991*" (RE 587.008).

---

[224] BRASIL. Supremo Tribunal Federal. *Informativo nº 1.046/2022*. Brasília, DF: STF; Secretaria de Altos Estudos, Pesquisas e Gestão da Informação, 2022a. Disponível em: https://www.stf.jus.br/arquivo/cms/informativoSTF/anexo/Informativo_PDF/Informativo_stf_1046.pdf. Acesso em: 18 jul. 2022.

b. "Não foi recepcionada pela Constituição da República de 1988 a expressão 'nos regulamentos da Marinha, do Exército e da Aeronáutica' do art. 10 da Lei 6.880/1980, *dado que apenas lei pode definir os requisitos para ingresso nas Forças Armadas, notadamente o requisito de idade, nos termos do art. 142, §3º, X, da Constituição de 1988*. Descabe, portanto, a regulamentação por outra espécie normativa, ainda que por delegação legal" (RE 600.885).

c. "É inconstitucional a aplicação retroativa de lei que majora a alíquota incidente sobre o lucro proveniente de operações incentivadas ocorridas no passado, ainda que no mesmo ano-base, *tendo em vista que o fato gerador se consolida no momento em que ocorre cada operação de exportação, à luz da extrafiscalidade da tributação na espécie*" (RE 592.396).[225]

Nos casos listados, embora lembre que essa técnica tem sido pouco usada nos casos pelo Supremo, explica a autora que "o STF não se limitou a afirmar a inconstitucionalidade ou editar determinada norma", expondo que "os enunciados formulados, conforme se pode observar nas transcrições em negrito, trouxeram seus fundamentos essenciais".[226] Conclui, assim, a autora, que:

> [...] é possível obter uma enunciação com caráter mais geral ao final do julgamento dos casos paradigmas, prevendo-se sua aplicabilidade futura, em uma adaptação do sistema de precedentes à tradição brasileira, sem abrir mão, porém, da ideia de que é a *ratio decidendi* o elemento verdadeiramente vinculante em um precedente e que dela a enunciação do resultado não se poderá desvincular para impor soluções em abstrato.[227]

Dessa maneira, convivem como produtos judiciais teses e precedentes; enquanto o primeiro esclarece, nomeadamente, dúvidas interpretativas de ordem geral, o segundo pormenoriza o âmbito de aplicação de normas, contrastando-as a partir dos elementos materiais da causa.

A conclusão acima se mostra mais evidente na análise do RE em sua modalidade repetitiva; nessas situações, mais ainda, há proeminência à tese exarada.

A sistemática é regulamentada nos artigos 1.036 a 1.041 do CPC. Ocorre "sempre que houver multiplicidade de recursos extraordinários" com fundamento em "idêntica questão de direito" (art. 1.036); nessas

---

[225] FERRAZ, 2018, p. 94 (grifo da autora).
[226] Ibidem, p. 94.
[227] Ibidem, p. 95.

situações, dois ou mais recursos são selecionados como "representativos da controvérsia" pelo tribunal de origem, ficando os demais feitos suspensos até a definição da matéria pelo Supremo.

Ato contínuo, a matéria é afetada (art. 1.037), devendo o relator identificar com precisão a questão a ser submetida a julgamento, determinando, ainda, a suspensão do andamento dos processos pendentes em todo o território nacional que tratem da mesma questão.

Segue-se com a instrução do feito, com participação do MP e podendo haver ingresso de terceiros e audiências públicas. Na decisão, regrou-se que "o conteúdo do acórdão abrangerá a análise de todos dos fundamentos relevantes da tese jurídica discutida" (art. 1.038, §3º).[228]

Observe-se a nomenclatura utilizada pelo legislador ao se referir ao acórdão e a "tese jurídica" nela discutida, chamando-se a atenção que o produto do RE repetitivo, enquanto decisão-produto, evidencia o acertamento de uma *tese jurídica*.

Válidas as lições, no ponto, de Humberto Theodoro Júnior, ao expor que:

> Nos recursos repetitivos, o relator, antes de conduzir a causa à apreciação do colegiado do STF ou STJ, cuidará de "identificar com precisão a questão a ser submetida a julgamento" (art. 1.037, I). Trata-se de medida destinada a evidenciar que a função desempenhada nos recursos extraordinários e especiais repetitivos é, acima de tudo, voltada à definição de uma tese de direito, cuja delimitação deve ser dada com rigorosa fundamentação. Para assentar a tese, configuradora de precedente, é indispensável a coerência e uniformidade da motivação, não se aceitando que o acórdão seja construído por votos de igual conclusão, mas de fundamentação dispersa entre argumentos díspares e irredutíveis a uma visão unitária do problema resolvido no processo. A tese, para ser vista como tal, haverá de ser única na conclusão e na fundamentação.[229]

Emitida a decisão produto pelo Supremo, entra em cena o papel dos tribunais *a quo* e mesmo dos juízes que analisarão o acórdão e o aplicarão aos recursos sobrestados ou que aguardavam a definição da tese jurídica.

---

[228] Ibidem. Mencione-se que a anterior menção no CPC de que "é vedado ao órgão colegiado decidir, para fins do art. 1.040, questão não delimitada na decisão a que se refere o inciso I do *caput*", no art. 1037, §2º, foi revogado pela Lei nº 13.256/2016.
[229] THEODORO JÚNIOR, 2016.

A tese definida pelo RE repetitivo possui eficácia expansiva disposta expressamente pelo CPC: assim, e por exemplo, seu resultado certamente influenciará nas causas que tratarem da mesma questão.[230]

Vale, por fim, expor o entendimento do Supremo acerca da violação e contraste via reclamação desses produtos-judiciais (RE). Na esteira do comportamento observado na violação a súmulas e entendimentos em controle concentrado por outros juízos, o tribunal mostra-se resistente à aceitação de RCL, aduzindo, em várias oportunidades, que, além da necessidade de esgotamento da instância ordinária (a teor do art. 988, §5º, II, entendendo-se por isso "englobar o percurso de todo o *iter* recursal cabível antes do acesso à Suprema Corte")[231] e da aderência estrita entre o objeto do ato reclamado e a decisão do STF, que:

> constitui pressuposto de cabimento a demonstração da teratologia na decisão reclamada quanto à subsunção do caso individual, representado pela controvérsia objeto do recurso extraordinário, à decisão proferida em repercussão geral.[232]

Essa direção jurisprudencial tem o condão de evitar-se a "enxurrada" de reclamações na Corte; daí por que, além do esgotamento dos meios recursais, tem-se exigido a demonstração da "teratologia da decisão reclamada". Observe que o CPC não exige expressamente que a decisão que desrespeite o decidido em RE seja, do ponto de vista jurídico, teratológica – há, aqui, entretanto, construção interessante, buscando o Supremo "uma forma de prestigiar e resguardar as competência dos Tribunais *a quo*", já que uma interpretação elástica do art. 988, §5º, II, CPC "esvaziaria sobremodo tanto as hipóteses de ação rescisória fundada em *distinguishing* contida no art. 966, §5º, quanto a própria utilidade do juízo de admissibilidade do recurso extraordinário realizado pelo Tribunal *a quo*".[233]

Vejam-se, para exemplificar:

> RECLAMAÇÃO. CONSTITUCIONAL. ADMINISTRATIVO. CONCURSO PÚBLICO. ATO ADMINISTRATIVO. OMISSÃO. ALEGADA OFENSA ÀS TESES VINCULANTES FIXADAS NOS JULGAMENTOS DO RECURSOS EXTRAORDINÁRIOS 837.311 E 598.099 – TEMAS 784

---

[230] V. art. 12, §2º, II, 311, II e 332, II, 927, III, e parágrafos segundo a quarto, 932, IV, b, V, b
[231] RCL 32868 AgR, Relator: Min. Luiz Fux, Primeira Turma, julgado em 24 de abril de 2019.
[232] RCL 36447 AgR, Relatora: Min. Rosa Weber, Primeira Turma, julgado em 12 de maio de 2021.
[233] RCL 39570. Relator: Min. Luiz Fux, Primeira Turma, julgado em 29 de maio de 2020.

E 161 DA SISTEMÁTICA DA REPERCUSSÃO GERAL. NÃO AJUIZAMENTO DE AÇÃO NAS INSTÂNCIAS ORDINÁRIAS. AUSÊNCIA DE EXAURIMENTO DAS VIAS RECURSAIS. ART. 988, §5º, II, DO CPC. CARÁTER EMINENTEMENTE EXCEPCIONAL DA RECLAMAÇÃO. RECLAMAÇÃO A QUE SE NEGA SEGUIMENTO.[234]

RECLAMAÇÃO. RECURSO EXTRAORDINÁRIO. INCIDÊNCIA DE TEMA DE REPERCUSSÃO GERAL. INADMISSIBILIDADE. TERATOLOGIA DA DECISÃO RECLAMADA. INEXISTÊNCIA. RECLAMAÇÃO COMO SUBSTITUTIVO RECURSAL. INVIABILIDADE. AGRAVO REGIMENTAL NA RECLAMAÇÃO A QUE SE NEGA PROVIMENTO. 1. A aplicação da sistemática da repercussão geral é atribuição das Cortes de origem, conforme o art. 1.030 do CPC. Logo, a reclamação constitucional não constitui instrumento processual adequado para se questionar o acerto de decisão do Tribunal de origem que, aplicando ao caso concreto precedente desta Corte em sede de repercussão geral, inadmite recurso extraordinário. 2. *Exceção à regra ocorre quando há comprovação da existência de teratologia ou de peculiaridade que torne incorreta a aplicação do tema de repercussão geral invocado, o que não restou demonstrado no caso dos autos. 3. A via reclamatória não se revela adequada para a revisão do enquadramento legal dado pela autoridade reclamada aos fatos narrados na inicial, ante a existência na legislação processual de instrumental próprio à defesa do direito supostamente vulnerado, sob pena de tornar a reclamação mero substitutivo recursal.* 4. Agravo regimental desprovido.[235]

Agravo regimental na reclamação. Direito Processual. Violação da garantia da autoridade de decisão. Não ocorrência. *Não comprovação de teratologia ou de peculiaridades que tornassem incorreta a aplicação ao caso do Tema nº 339 de repercussão geral pelo Tribunal reclamado.* Sucedâneo recursal. Ausência de impugnação específica. 1. "Inexiste usurpação de competência desta Suprema Corte na decisão que não conhece agravo em recurso extraordinário (artigo 1.042 do CPC/2015) interposto contra decisão que aplicou a sistemática da repercussão geral, passível de impugnação apenas por agravo interno (artigo 1.030, §2º, do CPC/2015)" (RCL nº 24.885/SP-AgR, Primeira Turma, Relator o Ministro Luiz Fux, Dje de 9.8.17). 2. Nos termos dos arts. 1.021 e 1.030, §2º, do CPC, contra decisão proferida pelo relator em que se aplique a sistemática da repercussão geral para negar seguimento a recurso, caberá agravo interno para o respectivo órgão colegiado, observadas, quanto ao processamento, as regras do regimento interno do tribunal, sendo incabível

---

[234] RCL 39570. Relator: Min. Luiz Fux, Primeira Turma, julgado em 29 de maio de 2020 (grifo nosso).

[235] RCL 38953 AgR. Relator: Min. Edson Fachin, Segunda Turma, julgado em 14 de junho de 2021 (grifo nosso).

interpor o agravo previsto no art. 1.042 do CPC ou ajuizar reclamação constitucional (ARE 1.071.668, Rel. Min. Dias Toffoli (Presidente), Dje 7.11.2018). Precedentes. 3. A reclamação com fundamento em precedente de repercussão geral não pode ser usada para subverter a nova sistemática, estando essa conclusão apoiada em reiterada jurisprudência do STF no sentido de que a reclamatória constitucional não se "configura instrumento viabilizador do reexame do conteúdo do ato reclamado" (RCL nº 6.534/MA-AgR, Tribunal Pleno, Relator o Ministro Celso de Mello, Dje de 17.10.08). Tampouco se admite o emprego da reclamação como "sucedâneo de ação rescisória, de recursos ou de ações judiciais em geral" (RCL nº 23.157/BA-AgR, Rel. Min. Celso de Mello, Segunda Turma, Dje de 7.4.16). 4. Segundo a firme jurisprudência do Supremo Tribunal Federal, a parte deve impugnar, na petição do agravo, todos os fundamentos da decisão, o que não ocorreu no caso em tela. Precedentes. 5. Agravo ao qual se nega provimento.[236]

3.4.4 Demais decisões da Corte

Não se pode concluir que as demais decisões da Corte sejam desprovidas de qualquer efeito suspensivo, embora o art. 927 do CPC possa levar a entender que somente os padrões decisórios lá previstos gozariam de *status* de precedente judicial (ou tese jurídica decorrente de seu produto-judicial).

Ao contrário, gozam, quando preenchidos os requisitos qualitativos a tanto,[237] de *status* de precedentes judiciais, esclarecedores do alcance do direito vigente e naturalmente de eficácia expansiva, vez que de consideração obrigatória, porém sem a possibilidade de uso de RCL para cassar decisão que lhes negue vigência.

Assim, independentemente do meio processual que leve a discussão à Corte, as decisões em *habeas corpus*, mandado de segurança, ações originárias e outas podem ser vistas como precedentes expansivos, aptos a explicitarem o alcance do direito vigente, devendo ser observados tanto horizontalmente pelo órgão prolator, como verticalmente pelos demais juízos e tribunais.

Portanto, o rol do art. 927 do CPC é exemplificativo na medida em que a natureza do precedente independe da caracterização legal explícita.[238] Dessa feita, é criticável a opção legislativa ao tentar impor a

---

[236] RCL 36773 AgR. Relator: Min. Dias Toffoli, Tribunal Pleno, 06 de dezembro de 2019.
[237] Conforme acima, Item 3.2.2.
[238] Em sentido de que apenas seriam "precedentes" os pronunciamentos previstos expressamente no art. 927, CPC: ALVIM, Arruda. *Manual de Direito Processual Civil*: teoria geral do

eficácia de certas decisões ao meio processual pelos quais é discutida a questão, ao invés de prestigiar o resultado da jurisdição; não obstante, não chega ao ponto de se invalidar a escolha, devendo ser feita a interpretação sistemática das disposições.

Por outro lado, no resultado de julgamentos em diferentes tipos de procedimentos, o Supremo tem se valido da emissão de teses jurídicas. No HC 118770,[239] julgado em 07.03.2017, por exemplo, fixou-se a seguinte tese: "A prisão de réu condenado por decisão do Tribunal do Júri, ainda que sujeita a recurso, não viola o princípio constitucional da presunção de inocência ou não-culpabilidade".

Já no MS 36375, conclui o pleno do Supremo:

> Por ser medida de caráter subsidiário, o financiamento pela União, na forma do art. 101, §4º, do ADCT, dos saldos remanescentes de precatórios dos Estados, do Distrito Federal e dos Municípios se condiciona ao esgotamento das demais alternativas, previstas no §2º desse mesmo dispositivo.[240]

Na Suspensão de Liminar (SL) 1395, outra tese interpretativa foi emitida pelo tribunal, em sua composição plenária:

> A inobservância da reavaliação prevista no parágrafo único do artigo 316 do Código de Processo Penal (CPP), com a redação dada pela Lei 13.964/2019, após o prazo legal de 90 (dias), não implica a revogação automática da prisão preventiva, devendo o juízo competente ser instado a reavaliar a legalidade e a atualidade de seus fundamentos.[241]

Nesse caso, o Supremo revogou anterior liminar monocrática concedida, em HC, a um traficante de drogas chefe de organização criminosa, ao considerar o mero decurso de prazo para reavaliação dos pressupostos da prisão preventiva como causa suficiente ao relaxamento da prisão. Essa SL, além da medida de contracautela deferida, fixou, como se vê, importante tese jurídica.

---

processo: processo de conhecimento: recursos: precedentes. 20. ed. São Paulo: Thomson Reuters Brasil, 2021, p. 1680.

[239] HC 118770. Relator: Min. Marco Aurélio; Relator p/ Acórdão: Min. Roberto Barroso, Primeira Turma, julgado em 07 de março de 2017.

[240] MS 36375. Relator: Min. Marco Aurélio; Relator p/ Acórdão: Min. Roberto Barroso, Tribunal Pleno, julgado em 17 de maio de 2021.

[241] SL 1395 MC-Ref. Relator: Min. Luiz Fux, Tribunal Pleno, julgado em 15 de outubro de 2020.

Esses três exemplos demonstram que, embora emitidas as teses em procedimentos não previstos no rol do art. 927, deve a orientação daí advinda, visto que esclarecedora do direito vigente, ser considerada como de eficácia expansiva.

3.5 Repercussões dos produtos decisórios nos demais procedimentos

3.5.1 A reclamação no sistema brasileiro de vinculação a decisões

Prevê a CF caber reclamação junto ao STF para "a preservação de sua competência e garantia de suas decisões" (art. 102, l).

O CPC/2015, de igual forma, dispõe das hipóteses de cabimento da reclamação em seu art. 988: "I – preservar a competência do Tribunal; II – garantir a autoridade de suas decisões e III – garantir a observância de enunciado de súmula vinculante e de decisão do Supremo Tribunal Federal em controle concentrado de constitucionalidade".

O §4º do mesmo artigo aduz: "As hipóteses dos incisos III e IV compreendem a aplicação indevida da tese jurídica e sua não aplicação aos casos que a ela correspondam"; já o §5º, II, ressalta ser inadmissível o manejo na hipótese de:

> [...] proposta para garantir a observância de acórdão de recurso extraordinário com repercussão geral reconhecida ou de acórdão proferido em julgamento de recursos extraordinário ou especial repetitivos, quando não esgotadas as instâncias ordinárias.

Portanto, verifica-se um forte relacionamento das hipóteses de cabimento e escopo da ação de reclamação com o sistema de vinculação a decisões superiores do mesmo código.[242]

Exatamente por isso, defende-se que a escolha legislativa repercute no grau de eficácia da vinculação do precedente e da tese jurídica, daí a opção pela denominação de precedentes ou teses vinculantes para as situações em que a violação do comando normativo ocorra e seja cabível a tutela de sua autoridade via reclamação, binômio "reclamação=vinculação"; e, nos demais casos, a nomenclatura precedentes (ou teses) expansivos.

---

[242] Cf. também ARAÚJO. José Henrique Mouta. A reclamação constitucional e os precedentes vinculantes: o controle da hierarquização interpretativa no âmbito local. *Revista de Processo*, São Paulo, ano 41, v. 252, p. 243–262, fev. 2016.

Vista como verdadeira ação, a análise de julgados de reclamação possui relevância por propiciar o entendimento da interpretação dada pelo Supremo a suas próprias decisões, em espécie de "interpretação autêntica", no sentido de que é feita pelo mesmo autor do ato-documento-texto.[243]

Ao momento da análise da especificação dos produtos decisórios, verificou-se a tendência redutora, por parte do STF, na admissão de reclamação para tutela da autoridade de suas decisões:

a) Das decisões em controle concentrado, não se admite o uso quando invocados os seus motivos determinantes, restringindo-se a RCL praticamente às partes da lide anterior objeto da decisão.[244] Equivale a dizer: não se admite eficácia vinculante às *rationes decidendi* empregadas em julgamentos de controle direto. Essa situação prática conduziu à conclusão de que os precedentes e teses formados em controle concentrado são de ordem meramente expansiva;

b) Em súmulas vinculantes, seu uso é mais corriqueiro,[245] havendo diversas reclamações providas para que teses jurídicas em súmulas sejam objeto de observância compulsória, ressaltando-se que, em diversos casos, são feitas diferenciações entre o caso concreto e o âmbito de incidência do produto "tese jurídica"; há, portanto, verdadeira eficácia vinculante nesses produtos decisórios, sendo, assim, teses de eficácia expansiva;

c) Por fim, relativamente aos Recursos Extraordinários, diz o art. 988, §5º CPC, que seu manejo pressupõe o esgotamento das instâncias ordinárias, significando isso que as teses e *rationes decidendi* decorrentes de REs podem ser contrastadas em reclamação após impugnada a violação a autoridade de suas normas nas instâncias ordinárias. Portanto, a eficácia da decisão em RE também pode ser vista como expansiva. Verifica-se aqui, também, forte resistência do Supremo na admissão desse instrumento para fazer valer o decidido em RE.

Pelo sumário exposto, tem-se desenhado jurisprudência defensiva na aceitação da reclamação para a tutela das normas da corte, seja em precedentes, súmulas ou teses em geral, o que, sem dúvida, tem o condão de enfraquecer o desiderato do sistema de vinculação a decisões, na medida em que o acertamento do direito promovido por esses

---

[243] MODUGNO, 2012, p. 315.
[244] V. Item 3.4.1.
[245] V. Item 3.4.2.

produtos judiciais e suas violações por demais juízos representam nada menos do que a usurpação da competência normativa do Supremo.

3.5.2 A ação rescisória e a violação manifesta de norma jurídica

Dentre as hipóteses de rescisão da coisa julgada há artigo que permite o manejo de ação rescisória se a decisão de mérito questionada "violar manifestamente norma jurídica" (art. 966, V, CPC).

De fato, por norma jurídica deve ser entendida não apenas o texto legal no qual o juízo fundou sua decisão, mas as normas decorrentes e levadas em conta pelos tribunais e que formam precedentes e teses jurídicas, vez que consagrada a distinção entre texto e norma.

Aliás, nesse dispositivo houve modificação da previsão anterior do CPC de 1973, que aduzia apenas "violar literal disposição de lei" (art. 485, V), tratando-se de evolução que acompanhou a nova maneira de se visualizar o fenômeno.

Diante disso, cabe pontuar que a incorreta aplicação de precedente ou tese jurídica do STF pode ensejar o uso da ação rescisória. Por incorreta aplicação, entende-se a rejeição de seus motivos determinantes que, aplicáveis ao caso, são solenemente ("manifestamente") ignoradas.

Nesse sentido, e no mesmo artigo 966 do CPC, previu-se mais adiante:

> §5º Cabe ação rescisória, com fundamento no inciso V do *caput* deste artigo, contra decisão baseada em enunciado de súmula ou acórdão proferido em julgamento de casos repetitivos que não tenha considerado a existência de distinção entre a questão discutida no processo e o padrão decisório que lhe deu fundamento.
>
> §6º Quando a ação rescisória fundar-se na hipótese do §5º deste artigo, caberá ao autor, sob pena de inépcia, demonstrar, fundamentadamente, tratar-se de situação particularizada por hipótese fática distinta ou de questão jurídica não examinada, a impor outra solução jurídica.

Essas hipóteses, portanto, são vícios *in iudicando*[246] relacionado ao direito aplicável ao caso.

No que diz respeito à hipótese de decisão de mérito baseada em lei julgada inconstitucional pelo Supremo, cabe perquirir o momento

---

[246] ASSIS, 2021b, p. 216.

em que é definida a questão pelo STF: se a decisão de mérito fundada em norma declarada inconstitucional ocorreu antes dessa definição, poderá o executado impugná-la com base no art. 525, §12º do CPC; tendo, ao contrário, a definição da inconstitucionalidade ocorrida posteriormente ao trânsito em julgado, abre-se a oportunidade da rescisória pelo art. 966, V, cujo prazo será contado, diz o art. 525, §15, "do trânsito em julgado da decisão proferida pelo Supremo Tribunal Federal".[247]

3.5.3 Decisões monocráticas do relator

De importância é o poder dado ao juízo *a quo* para interpretar o alcance dessas decisões expansivas e/ou vinculantes.

No RE, por exemplo, embora não se possa falar que o presidente ou vice-presidente do Tribunal sejam relatores do recurso, é certo que lhes cabe o exame inicial do recurso, podendo mesmo haver a negativa de seguimento em caso de (art. 1.030, CPC): a) recurso que discuta questão que não tenha reconhecido o Supremo a existência de repercussão geral ou o recurso interposto contra acórdão que esteja em conformidade com entendimento já exarado pelo STF em regime de repercussão geral e b) recurso cujo acórdão esteja em conformidade com entendimento fixado em RE repetitivo.

Isso implica responsabilidade no cotejo do caso questionado em RE com as decisões já proferidas pelo Supremo, seja no sentido de confrontar o alcance da *ratio decidendi* do precedente e o que foi, *in concreto*, decidido no acórdão recorrido, seja para o fim de contrastar a tese jurídica firmada também com o acórdão objeto do recurso.

---

[247] Acerca desse ponto polêmico, há diversas vozes opinando por sua inconstitucionalidade em razão de, dentro outros fatores, submeter a decisão transitada em julgada a evento futuro e incerto, além de esvaziar a competência do controle difuso pelos juízos ordinários. Nesse sentido, opinam Rosalina Moitta Pinto da Costa e Samanta Oliveira Araújo: "Ao que parece, ao estabelecer o prazo bienal contado do precedente da Corte, na verdade, o legislador ordinário acabou criando uma espécie de 'ação rescisória com prazo indeterminado', já que a referência para o início da contagem é um evento imprevisível. Em última análise, é como se o título executivo não tivesse transitado em julgado, em violação da garantia fundamental da soberania da coisa julgada. Isso porque não há como prever em que momento a constitucionalidade de uma norma será questionada perante o Supremo, em sede de controle concentrado ou difuso, e, principalmente, qual será o lapso temporal necessário para o pedido seja julgado de forma coisa julgada. O artigo 525, §15, acaba esvaziando a autoridade do controle difuso e constitucionalidade" (COSTA, Rosalina Moitta Pinto da; ARAÚJO, Samanta Oliveira. A vulnerabilidade da coisa julgada e da segurança jurídica pelo artigo 525, §15, do CPC. *Revista Juris Poiesis*, Rio de Janeiro, v. 24, n. 36, p. 215-242, 2021, p. 235. Disponível em: http://periodicos.estacio.br/index.php/jurispoiesis/article/view/10276. Acesso em: 18 jul. 2022.

É de se notar que, nesses casos, o presidente acaba analisando a própria viabilidade ou admissibilidade do recurso no que diz tange ao mérito; a preocupação do legislador, na reforma dada pela Lei nº 13.256/2016 – pouco tempo após a promulgação do Código de Processo Civil –, certamente foi a de diminuir a carga de trabalho do Supremo.

Há uma delegação ou divisão de trabalho promovida pelo CPC, que ocorre também nas demais atividades do presidente ou vice-presidente, o qual (art. 1.030, II e III): a) poderá encaminhar o feito ao órgão julgador para realização de retratação quando o acórdão divergir de entendimento exarado em RE repetitivo (contrastando, unilateralmente, *v.g*, o decidido por seus pares no Tribunal) e b) sobrestar o recurso de controvérsia repetitiva caso ainda não decidido pelo STF.

O juízo de admissibilidade, por sua vez, será positivo, com a remessa do feito ao Supremo, somente se: a) o recurso ainda não tiver sido objeto de análise de repercussão geral ou julgamento de RE repetitivo; b) o recurso tiver sido selecionado como representativo de controvérsia ou c) quando o Tribunal *a quo*, recorrido, se recusar a fazer o juízo de retratação (art. 1.030, V).

Segundo o ponto de vista aqui defendido, é possível, no RE, que as decisões produtos sejam vistas como precedentes judiciais e/ou teses jurídicas; se possível a extração da *ratio*, a partir do argumento majoritário em contraditório, tanto essa quanto a tese exarada devem ser consideradas no trabalho do presidente ou vice-presidente do tribunal no manejo do processamento do recurso.

A importância do trabalho do tribunal *a quo* na análise e admissibilidade do RE torna-se mais evidente quando se constata que da decisão que nega seguimento ao recurso pelo presidente ou vice cabe agravo interno ao próprio tribunal *a quo* (conforme preceitua art. 1.042 do CPC). Nesse caso, restará ao recorrente, se insistir que seu caso não se amolda ao precedente ou tese invocada, valer-se da reclamação constitucional (art. 988).

3.5.4 Reflexos conexos, no sistema do Código, do acertamento do direito pela Suprema Corte

No sistema do Código, o acertamento do direito pela Suprema Corte impacta no curso de procedimentos, consoante se vê em artigos esparsos.

O art. 12, que trata do respeito à ordem cronológica de conclusão para proferir sentenças ou acórdãos, excepciona esta ordem, nos termos de seu §2º, inciso II, no caso de julgamento de processos em bloco para aplicação de tese jurídica firmada em RE sob a sistemática repetitiva.

Outrossim, a concessão de tutela da evidência pelo art. 311 é possível, sem a demonstração de perigo de dano ou de risco ao resultado do processo, se as "alegações de fato puderem ser comprovadas apenas documentalmente e houver tese firmada em julgamento de casos repetitivos ou em súmula vinculante".

De igual modo, permite-se, nas causas em que dispensada a fase instrutória, e independentemente de citação do réu, julgar-se liminarmente improcedente o pedido do autor que contrariar enunciado de súmula do STF e RE julgado repetitivo (art. 332).

A remessa necessária em face de decisões desfavoráveis à Fazenda Pública é dispensada se a sentença estiver fundamentada em súmula do Supremo ou acórdão em RE repetitivo (art. 496, §4º, I e II). Por sua vez, no cumprimento provisório de sentença, quando essa tiver esteio em súmula do STF ou em RE repetitivo, fica dispensada a caução de que trata o art. 520, IV (art. 521).

Além disso, e como visto no tópico anterior, há evidente relação entre o acertamento do direito promovido pelo Supremo e os poderes do relator.

Como se vê, esses artigos confirmam a força expansiva dessas decisões-produto.

É equivocado, no entanto, a excessiva valorização de decisões a partir do RE repetitivo. Se não é o tipo de ação que determina a qualidade e impacto da decisão do STF, não há razão para distinguir decisão em RE com repercussão geral e em RE repetitivo, assim como inexiste razão para discriminar o produto da decisão em razão do procedimento em que ocorreu. A qualidade da decisão judicial está em sua aptidão de funcionar como precedente ou tese jurídica, independentemente do modo como foi discutida.

3.6 Modificação de orientação em teses e em precedentes e modulação temporal

Vez que as decisões superiores passam a expressar parte do significado do direito vigente, sendo, em conjunto com a lei, fontes normativas,[248] impactando e condicionando condutas e comportamentos de pessoas, empresas e organizações em geral, é natural que

---

[248] V. Item 3, Capítulo 2.

as modificações de orientações judiciais expansivas sejam vistas como excepcionalidades,[249] evitáveis sempre que possível e, quando necessárias, amplamente justificadas.

A isso não descurou o CPC, exigindo-se a tanto ampla justificativa (art. 927, §4º), podendo haver, ainda, "modulação dos efeitos da alteração no interesse social e no da segurança jurídica" (art. 927, §3º):

> §3º Na hipótese de alteração de jurisprudência dominante do Supremo Tribunal Federal e dos tribunais superiores ou daquela oriunda de julgamento de casos repetitivos, pode haver modulação dos efeitos da alteração no interesse social e no da segurança jurídica.
>
> §4º A modificação de enunciado de súmula, de jurisprudência pacificada ou de tese adotada em julgamento de casos repetitivos observará a necessidade de fundamentação adequada e específica, considerando os princípios da segurança jurídica, da proteção da confiança e da isonomia.

O §3º do art. 927 deve ser lido no sentido de que tanto em teses jurídicas como em precedentes judiciais, na hipótese excepcional de haver alteração de entendimento, pode ocorrer a modulação temporal de seus efeitos – e não apenas em caso de decisões-produtos de recursos repetitivos. Na mesma linha, pelo parágrafo seguinte (§4º), não apenas as modificações de teses adotadas em recursos repetitivos devem ser precedidas de fundamentação adequada e específica, mas em todos os casos em que houver a modificação de orientação, independentemente do procedimento.

A possibilidade de modulação temporal é novidade no CPC, já conhecida, entretanto, na legislação do controle de constitucionalidade de normas (art. 27, Lei nº 9.868/99); razões de tomo justificam essa preocupação, amparadas na segurança jurídica e no interesse social.

A modificação de entendimento pode ser equiparada à retirada de lei do ordenamento jurídico, ou, ao contrário, à repristinação de lei que se considerava revogada, daí por que, insista-se, deve ser situação excepcional. Embora se trate de situações equiparadas, há, evidentemente, distinções, na medida em que, por exemplo, a própria modificação legal poderá servir de amparo para a alteração jurisprudencial.

Porém, se seu uso já é bastante conhecido nas ações que discutem a constitucionalidade de normas, a modulação dos efeitos da alteração de entendimento jurisprudencial é novidade que o STF terá que se adaptar ao momento de operá-la.

---

[249] Relembre-se ser diretriz compulsória ao Judiciário o dever de uniformizar sua jurisprudência e mantê-la estável, íntegra e coerente (art. 926, CPC).

Um caso de impacto foi o decidido no RE 574.706,[250] em que se decidiu, em matéria de tributação de empresas, pela exclusão do Imposto sobre Circulação de Mercadoria e Serviços (ICMS) da base de cálculo das Contribuições para Financiamento da Seguridade Social (COFINS) e do Programa de Integração Social (PIS); este caso é interessante, uma vez que o Superior Tribunal de Justiça (STJ) tinha entendimento exatamente oposto, fixado em regime de recurso especial repetitivo.

Por ocasião do julgamento dos embargos de declaração no RE, optou o Pleno por fazer uso da modulação temporal da decisão, já que se tratava de mudança drástica de orientação jurisprudencial, expondo a relatora que "o planejamento fazendário deu-se dentro de legítimas expectativas traçadas com a interpretação até então consolidada pelo Superior Tribunal de Justiça" e que:

> A atual incidência da sistemática da repercussão geral, com efeitos *erga omnes* e vinculante aos órgãos da Administração Pública e ao Poder Judiciário, recomenda o balizamento do que decidido neste processo, para preservar a segurança jurídica dos órgãos fazendários, ressalvados os casos ajuizados até a data da sessão de julgamento, em 15.3.2017.

Algumas peculiaridades devem ser apontadas.

No que diz respeito à tese jurídica em súmula vinculante, sua edição ou revisão poderá ser provocada pelos mesmos legitimados constitucionais para a propositura de ação direta de inconstitucionalidade (art. 103-A, §2º); segundo a Lei nº 11.417/2006, a possibilidade de edição, revisão e cancelamento depende de decisão tomada por 2/3 (dois terços) dos ministros da Corte (art. 2º, §3º).

Já teses emitidas em súmulas constitucionais, para serem revistas ou canceladas, necessitam de deliberação plenária e aprovação da maioria absoluta (art. 102, §2º do RISTF); de sua vez, sua revisão pode ser proposta por qualquer dos Ministros (art. 103, RISTF).

Observe-se que a revisão, no primeiro caso, deve ser objeto de acionamento e proposição por legitimados definidos em lei, enquanto no segundo pode ocorrer de ofício. Além disso, no primeiro caso, o quórum é evidentemente mais rigoroso.

Quanto ao quórum para modulação de precedente, por sua vez, a lei nada diz, devendo ocorrer, portanto, por decisão da maioria do tribunal, sempre justificando os motivos que levaram à modificação

---

[250] RE 574706 ED. Relatora: Min. Cármen Lúcia, Tribunal Pleno, julgado em 13 de maio de 2021.

da orientação, que deve se ancorar em aspectos relevantes da ordem jurídica (sendo inadmissível, por exemplo, a justificativa de simples mudança da composição do tribunal).

3.7 Considerações finais acerca das reformas e da crise numérica no STF

Algumas palavras finais sobre os fins almejados pelas reformas legislativas e a situação atual. Quanto ao acervo de processos no STF, os números não são animadores (Quadro 3).

QUADRO 3
Estimativa de processos no STF de 2015 a 2022

Processos no STF	2015	2016	2017	2018	2019	2020	2021	2022[251]
Nº de processos recebidos	93.558	89.972	102.213	98.254	91.746	73.240	76.700	36.083
Nº de processos baixados	95.981	86.133	155.660	106.676	97.096	78.660	77.795	38.302

Fonte: Elaborado pelo autor, a partir dos dados disponíveis no painel "Corte Aberta" do STF, 2022.[252]

Os números apontam que não houve redução significativa de ações que ingressam na corte, em que pese mais de 6 anos de vigência do CPC/2015. De sua vez, e em comportamento esperado, o número de processos da classe reclamação constitucional tiveram aumento: em 2015: 3.273 processos; em 2016: 3.283; em 2017, 3.326; em 2018: 3.467; em 2019: 5.789; em 2020: 6.756; em 2021: 5.882 e, por fim, em 2022: 3.059.

A contrapartida para esse aumento foi a adoção do entendimento de que a reclamação pressupõe que a decisão contrastada seja, na

---

[251] Os dados referentes ao ano de 2022 são até o dia 02 de junho.
[252] BRASIL. Supremo Tribunal Federal. *Corte Aberta*: painéis estatísticos. Brasília, DF: STF, 2022b. Disponível em: https://transparencia.stf.jus.br/extensions/corte_aberta/corte_aberta.html#. Acesso em: 20 jul. 2022.

aplicação do entendimento vinculante, teratológica, requisito não expressamente previsto no CPC.[253]

O acervo de processos no Supremo, para o ano de 2022, totaliza 21.482 feitos.[254] Destes, a maior parte corresponde à classe ARE (Agravo em Recurso Extraordinário), com 8.252 processos, seguido do RE, com 3.245 processos; após, a classe da Reclamação, com 2.758 feitos, os *habeas corpus* (2.387) e as ADIs (1.269), seguido de outros.

A crise numérica está longe de ser solucionada, portanto.

Isso faz com que novos estudos e pesquisas sejam necessários para acompanhar o fenômeno; desde já, é possível apontar, com base no exposto, que o sistema de vinculação a teses e precedentes, embora represente novo passo para a tutela da isonomia perante o direito, não dispensa que o aspecto cultural seja bem trabalhado.

Quanto ao acervo atual, o número elevado de agravos em recursos extraordinários tende a mostrar a insatisfação com a solução dada pelos presidentes de tribunais na aplicação de teses e precedentes em RE, possivelmente por não realização adequada de *distinguished*.

Outro ponto prejudicial aos bons trabalhos é que o próprio tribunal tem posição vacilante, sendo comum a virada de entendimentos, injustificáveis do ponto de vista do dever de coerência e de uniformidade.[255]

Também foi apontado que o modo de deliberação dificulta a extração do elemento vinculante da decisão (a *ratio*), e, portanto, a interpretação e alcance do direito vigente. Há, por fim, o abuso de medidas liminares, não baseadas em entendimentos consagrados e caracterizadas pela imposição da opinião pessoal do relator.[256]

---

[253] V. Item 3.5.1.
[254] Dados colhidos até 8 de julho de 2022. Cf. BRASIL. Supremo Tribunal Federal. *Corte Aberta*: acervo. Brasília, DF: STF, 2022c. Disponível em: https://transparencia.stf.jus.br/extensions/acervo/acervo.html. Acesso em: 20 jul. 2022.
[255] V. Item 3.2.1.
[256] V. Item 3.2.1.

CAPÍTULO 4

CONCLUSÕES

Em vista de tudo quanto exposto, elencam-se as principais conclusões e ideias sintetizadas neste trabalho:

A evolução sobre a teoria das normas, destacando-se a distinção entre texto e norma, e as mudanças na concepção sobre a atividade interpretativa levaram, no meio jurídico, à preocupação pela igualdade não somente perante a lei, mas, e principalmente, perante a interpretação da lei. Nesse sentido, é razoável aduzir que o sistema jurídico é duplamente indeterminado, tanto no que diz com seu sistema jurídico em si como no que se refere às suas normas individualizadas.

Essa preocupação se robustece ao se contrastar com a função do Supremo Tribunal Federal no ordenamento brasileiro, que atua como órgão de cúpula e de custódia da Constituição (art. 102, CF) e que, no bojo de sua competência, no controle abstrato (kelseniano) e concreto (marshalliano), atribui, juntamente com o legislador, e na sua atividade judicante, o alcance da Constituição.

A preocupação em evitar-se a "anarquia interpretativa" não é recente e sempre foi objeto de reflexão de estudiosos, além do legislador, que, desde antes da república e, nas décadas mais recentes, levou adiante reformas constitucionais e legais no sentido de estabilizar a constante divergência jurisprudencial, destacando-se a ampliação, no decorrer dos anos, da carga de eficácia das decisões do STF.

Mais recentemente, o CPC articulou o que se pode chamar sistema brasileiro de vinculação a decisões judiciais, prevendo termos até então incomuns à prática jurídica, como precedentes judiciais, teses jurídicas, motivos determinantes, distinção, superação de entendimento etc. Isso levou com que se cogitasse um processo de "commonlização" do direito brasileiro. Sem dúvidas, houve e está havendo uma aproximação entre os dois sistemas, não sendo correto, entretanto, concluir-se que o país deixou de ser filiado à família tradicional e multicentenária do *civil law*; sempre foi e continua sendo de característica romano-germânica.

Este trabalho reputa que um fator chave para a aproximação entre os sistemas consistiu, ao lado de outros (*v.g.*, inovações na teoria das normas e interpretativas), no incremento das "sentenças interpretativas", sendo aquelas que, mantendo íntegro o texto legislativo, dispõem sobre a norma ou normas dele decorrente(s), decorrendo maior atenção à argumentação jurídica (fundamentação) que se desenvolve no *decisum* do feito e não apenas a conclusão enquanto dispositivo decisório.

Portanto, no sistema de vinculação a decisões judiciais do CPC, foram consagrados elementos comuns à cultura do *common law*; porém, esses elementos passam a conviver com os clássicos institutos de nossa cultura jurídica. Assim, e por exemplo, a estrutura da sentença segue a tripartição interna que a divide em relatório, fundamentação e dispositivo (art. 489, *caput*), e, a seu turno, também podem ser identificados elementos como a *ratio decidendi* e os argumentos laterais, os *dictum*, além da mencionada tese jurídica, instituto que vem marcando a jurisdição constitucional brasileira.

O que vincula no precedente judicial é o elemento fundamento determinante (ou *ratio decidendi*); por outro lado, de se expor que nem toda decisão do Supremo é precedente: é essencial, para tanto, a observância de requisitos qualitativos, sem os quais a sentença não se predica com esse atributo. Assim, deve o motivo determinante ser referendado pela maioria do tribunal, o que pode tornar a tarefa difícil a depender do modo de deliberação adotado pela Corte. Daí porque se defendeu que o método *per curiam* mais se adequa à nova realidade legislativa; além do mais, o contraditório é essencial para que haja habilitação do elemento vinculante. Não resta dúvida, por outro lado, e como efeito colateral, que o conhecimento do direito vigente se torna feito mais complexo.

Por tudo isso, como critério classificador, não obstante o rol do art. 927 do CPC, a qualidade de precedente da decisão judicial decorre de seu atributo enquanto produto judicial apto a esclarecer o alcance do direito vigente, respeitando-se o devido processo legal em sua discussão. Assim, toda e qualquer decisão do Supremo, preenchidos os requisitos, deve ser considerada como precedente judicial.

Quanto à eficácia, esses precedentes podem ser vistos como expansivos ou vinculantes: o primeiro decorre da natureza mesma das decisões esclarecedoras do direito vigente, que devem ser obrigatórias (horizontal e verticalmente); já o segundo são os precedentes expansivos que gozam de mecanismo processual que possibilita a cassação de decisões outras desrespeitadoras de seus fundamentos determinantes – a esses precedentes, o legislador organizou o binômio "vinculação-reclamação". Ambos os tipos devem ser vistos como verdadeiras fontes do direito.

Ao lado dos precedentes judiciais, outro produto-judicial pode ser elencado no sistema brasileiro de vinculação a decisões judiciais: a tese jurídica, que consiste em extratos interpretativos de ordem geral que também esclarecem o alcance do direito vigente. Seu modo de aplicação é distinto do modo de aplicação do precedente, já que podem incidir em casos variados e em situações desvinculadas das discussões que lhe originaram.

O principal exemplo reside nas súmulas. Ao lado das súmulas vinculantes (art. 103-A da CF), o novo CPC elevou o patamar das súmulas constitucionais simples, devendo essas, de igual maneira, serem de observância obrigatória para tribunais e juízes, tratando-se da ressignificação do papel da jurisprudência em nosso ordenamento.

Porém, não apenas em súmulas as teses jurídicas estão presentes. O Supremo, como se viu ao longo deste trabalho, tem se valido deste produto judicial em diferentes procedimentos, incluindo ações abstratas de inconstitucionalidade, recursos extraordinários, *habeas corpus* e outros de sua competência, de modo que vem a tese jurídica assumindo papel de proeminência até então não observado.

Importante aduzir que a validade das teses jurídicas pressupõe aprovação pelo colegiado do tribunal, devendo constar no acórdão resultado de julgamento (no caso de súmula vinculante, esse quórum é qualificado). Sua emissão, portanto, é de mais fácil aprovação, uma vez que vazada em fórmula sintética e resumida.

Portanto, as decisões-produto previstas no art. 927 não são sempre precedentes, podendo ser, em alguns casos, teses jurídicas interpretativas, com grau de eficácia e aplicabilidade próprias, inclusive no que se refere a distinções.

As teses jurídicas justificam-se, do ponto de vista da teoria do direito, ante a indeterminação do sistema jurídico enquanto ordem objetiva. São fórmulas esclarecedoras do direito vigente, tal como os precedentes, podendo os produtos serem conjugados para a correta compreensão do direito discutido.

A partir do levantamento realizado, concluiu-se que as teses jurídicas predominam enquanto decisões-produto do Supremo Tribunal Federal: estão presentes nas súmulas deste tribunal, bem como nas diversas teses de julgamento em Recursos Extraordinários, o que faz com que esse elemento decisório ganhe proeminência na atual ordem processual.

De sua vez, ao negar eficácia vinculante ao elemento *ratio decidendi* às decisões em controle abstrato (embora previstas no art. 927, I) e mesmo em casos de definição do direito em Recursos Extraordinários com repercussão geral, o Supremo acaba por diminuir a importância da decisão produto enquanto precedente judicial.

Viu-se, também, que, se o elemento vinculante do precedente é a *ratio decidendi*, na tese jurídica, esse elemento equivale ao extrato emitido, enquanto orientação normativa.

Em nosso sistema convivem, pois, teses jurídicas e precedentes judiciais, enquanto produtos-judiciários, podendo ambos serem objeto de aplicação e cotejo interpretativo relativamente aos casos posteriores. Além disso, as decisões produtos podem ser combinadas em casos e situações para o melhor alcance da definição do caso.

Com essas conclusões e sistematizações propostas, que se apartam do debate doutrinário atual, pretende-se contribuir para o avanço de ideias junto à comunidade jurídica nacional e para a interpretação do Código de Processo Civil vigente.

REFERÊNCIAS

ABBOUD, George. *Processo Constitucional Brasileiro*. São Paulo: Revista dos Tribunais, 2016.

ABBOUD, Georges; VAUGHN, Gustavo Favero. Notas críticas sobre a reclamação e os provimentos judiciais vinculantes do CPC. *Revista de Processo*, São Paulo, ano 44, v. 287, p. 409-441, jan. 2019.

ABELLÁN, Maria Gáscon; FIGUEROA, J. Garcia. *La argumentación en el derecho*: algunas cuestiones fundamentales. Lima: Palestra Editores, 2015.

ALVES, Francisco Glauber Pessoa. Fundamentação no novo Código de Processo Civil. *Revista de Processo*, São Paulo, ano 41, v. 253, p. 57-108, mar. 2016.

ALVIM, Arruda. *Novo Contencioso cível no CPC 2015*. São Paulo: Revista dos Tribunais, 2016.

ALVIM, Arruda. *Manual de Direito Processual Civil*: teoria geral do processo: processo de conhecimento: recursos: precedentes. 20. ed. São Paulo: Thomson Reuters Brasil, 2021.

ALVIM, Eduardo Arruda; CARVALHO, Vinícius Bellato Ribeiro de. Precedentes formados no julgamento de recursos repetitivos como instrumento de mitigação da crise do judiciário e da dispersão jurisprudencial. *Revista de Processo*, São Paulo, ano 44, v. 295, p. 299-329, set. 2019.

ARAÚJO, José Henrique Mouta. A reclamação constitucional e os precedentes vinculantes: o controle da hierarquização interpretativa no âmbito local. *Revista de Processo*, São Paulo, ano 41, v. 252, p. 243-262, fev. 2016.

ARAÚJO, José Henrique Mouta. Os precedentes vinculantes e o novo CPC: o futuro da liberdade interpretativa e do processo de criação do direito. *In*: DIDIER JUNIOR, Fredie *et al.* (Coord.) *Precedentes*. Salvador: JusPodivm, 2016. (Coleção Grandes temas do novo CPC, v. 3).

ARAÚJO, José Henrique Mouta. Recurso extraordinário com repercussão geral e aproximação dos sistemas de controle de constitucionalidade. *Migalhas*, São Paulo, 12 mar. 2021. Disponível em: https://www.migalhas.com.br/depeso/341672/recurso-extraordinario-com-repercussao-geral-e-aproximacao-dos-sistema. Acesso em: 18 jul. 2022.

ASSIS, Araken de. Dos assentos aos precedentes e sua inconstitucionalidade. *Revista de Direito Processual Civil*, [S.l.], v. 2, n. 1, p. 6-24, jan./jun. 2020.

ASSIS, Araken de. *Manual dos Recursos*. 10. ed. São Paulo: Thomson Reuters Brasil, 2021a.

ASSIS, Araken de. *Ação Rescisória*. São Paulo: Thomson Reuters Brasil, 2021b.

BARBOSA, Rui. O Supremo Tribunal Federal na Constituição Brasileira. *In*: BARBOSA, Rui. *Trabalhos jurídicos*. Rio de Janeiro: Fundação Casa de Rui Barbosa, 1989. p. 223-255. (Obras Completas de Rui Barbosa, v. 41, tomo 4, 1914).

BARIONI, Rodrigo. Precedentes no direito brasileiro: desafios e perspectivas. *Revista de Processo*, São Paulo, ano 45, v. 310, p. 265-291, dez. 2020.

BRANDÃO, Rodrigo. *Supremacia judicial versus diálogos constitucionais:* a quem cabe a última palavra sobre o sentido da constituição? Rio de Janeiro: Lúmen Juris, 2012.

BRASIL. *Lei nº 8.009, de 29 de março de 1990.* Dispõe sobre a impenhorabilidade dos bens de família. Brasília, DF: Presidência da República, 1990. Disponível em: http://www.planalto.gov.br/ccivil_03/leis/l8009.htm. Acesso em: 22 jul. 2022

BRASIL. Conselho Nacional de Justiça. *Supremo em Ação 2017:* ano-base 2016. Brasília, DF: CNJ, 2017a. Disponível em: https://www.cnj.jus.br/wp-content/uploads/2017/06/f8bcd6f3390e723534ace4f7b81b9a2a.pdf. Acesso em: 16 jul. 2022.

BRASIL. Supremo Tribunal Federal (Plenário). *Proposta de Súmula Vinculante 88 DF.* Brasília, DF: STF, 2014. Disponível em: http://www.stf.jus.br/arquivo/cms/jurisprudenciaSumulaVinculante/anexo/SUV_37__PSV_88.pdf. Acesso em: 19 jul. 2022.

BRASIL. Supremo Tribunal Federal. *Listas Repercussão Geral.* Brasília, DF: STF, 2017b. Disponível em: http://portal.stf.jus.br/textos/verTexto.asp?servico=jurisprudenciaRepercussaoGeral&pagina=listas_rg. Acesso em: 20 jul. 2022.

BRASIL. Supremo Tribunal Federal. *Regimento interno.* Brasília, DF: STF; Secretaria de Altos Estudos, Pesquisas e Gestão da Informação, 2020. Disponível em: https://www.stf.jus.br/arquivo/cms/legislacaoRegimentoInterno/anexo/RISTF.pdf. Acesso em: 19 jul. 2022.

BRASIL. Supremo Tribunal Federal. *Informativo nº 1.046/2022.* Brasília, DF: STF; Secretaria de Altos Estudos, Pesquisas e Gestão da Informação, 2022a. Disponível em: https://www.stf.jus.br/arquivo/cms/informativoSTF/anexo/Informativo_PDF/Informativo_stf_1046.pdf. Acesso em: 18 jul. 2022.

BRASIL. Supremo Tribunal Federal. *Corte Aberta:* painéis estatísticos. Brasília, DF: STF, 2022b. Disponível em: https://transparencia.stf.jus.br/extensions/corte_aberta/corte_aberta.html#. Acesso em: 20 jul. 2022.

BRASIL. Supremo Tribunal Federal. *Corte Aberta:* acervo. Brasília, DF: STF, 2022c. Disponível em: https://transparencia.stf.jus.br/extensions/acervo/acervo.html. Acesso em: 20 jul. 2022.

CÂMARA, Alexandre Freitas. *Levando os padrões decisórios a sério.* São Paulo: Atlas, 2018.

CÂMARA, Alexandre Freitas; MARÇAL, Felipe Barreto. Repensando os dogmas da publicidade e do sigilo na deliberação na justiça brasileira. *Revista de Processo*, São Paulo, ano 45, v. 299, p. 43-68, jan. 2020.

CAMBI, Eduardo; HELLMAN, Renê. Precedentes e dever de motivação das decisões judiciais no novo Código de Processo Civil. *Revista de Processo*, São Paulo, v. 241, p. 413-438, mar. 2015.

CARVALHO FILHO, José dos Santos. Congresso reage às decisões monocráticas de ministros do Supremo em ADIs. *Consultor Jurídico*, São Paulo, 9 jun. 2018. Disponível em: https://www.conjur.com.br/2018-jun-09/observatorio-constitucional-congresso-reage-decisoes-monocraticas-supremo-adis. Acesso em: 19 jul. 2022.

CASSESE, Sabino. Lezione sulla cosiddetta "opinione dissenziente". *In:* CASSESE, Sabino. *Dentro la corte*: Diario di um giudice costituzionale. Bolonha: Il Mulino, 2015. p. 275-285.

CORREA, Rafael Motta. O sistema de provimentos vinculantes do CPC/15 e o dever de manutenção da jurisprudência uniforme, estável, íntegra e coerente. *Revista de Processo,* São Paulo, ano 43, v. 281, p. 491-520, jul. 2018.

COSTA, Rosalina Moitta Pinto da; ARAÚJO, Samanta Oliveira. A vulneração da coisa julgada e da segurança jurídica pelo artigo 525, §15, do CPC. *Revista Juris Poiesis*, Rio de Janeiro, v. 24, n. 36, p. 215-242, 2021. Disponível em: http://periodicos.estacio.br/index.php/jurispoiesis/article/view/10276. Acesso em: 18 jul. 2022.

CHIASSONI, Perluigi. Disposición y norma: una distinción revolucionaria. *In*: POZZOLO, Susanna; ESCUDERO, Rafael (org.). *Disposición vs norma*. Lima: Palestra Editores: 2011. p. 07-17.

DINAMARCO, Cândido Rangel; LOPES, Bruno Vasconcelos Carrilho. *Teoria Geral do Novo Processo Civil*. 2. ed. São Paulo: Malheiros, 2017.

DIDIER JUNIOR, Fredie; SOUZA, Marcus. O respeito aos precedentes como diretriz histórica do direito brasileiro. *Revista de Processo Comparado*, São Paulo, ano 1, v. 2, p. 99-120, jul./dez. 2015.

DUXBURY, Neil. *The nature and authority of precedent*. Cambridge: Cambridge University Press, 2008.

FERNÁNDEZ SEGADO, Francisco. La obsolescencia de la bipolaridad tradicional (modelo americano – modelo europeo-kelseniano) de los sistemas de Justicia Constitucional. *Direito Público*, Porto Alegre, ano 1, n. 2, p. 55-82, out./dez. 2003.

FERRAZ, Taís Schilling. Ratio decidendi x tese jurídica. A busca pelo elemento vinculante do precedente brasileiro. *Revista da Escola da Magistratura do TRF da 4ª Região*, Porto Alegre, ano 4, n. 10, p. 81-102, 2018. Disponível em: https://www2.trf4.jus.br/trf4/upload/editor/rlp_revista_escola_magistratura_trf4n10_final.pdf. Acesso em: 21 jul. 2022.

FINE, Toni M. *Introdução ao sistema jurídico anglo-americano*. Tradução de Eduardo Saldanha. São Paulo: WMF Martins Fontes, 2011.

GAJARDONI, Fernando da Fonseca; LEITE, Sofia Ribas Ortigosa. Os precedentes no CPC/2015 e a tendência de uniformização da jurisprudência: estudo de caso, análise de julgados e perspectivas positivas. *Revista de Processo*, São Paulo, ano 45, v. 298, p. 271-292, dez. 2019.

GUASTINI, Ricardo. Introducción a la teoría de la interpretación. *In*: POZZOLO, Susanna; ESCUDERO, Rafael (Eds.). *Disposición vs. Norma*. Lima: Palestra Editores, 2011. p. 13-29.

HOHFELD, Wesley Newcom. *Conceptos jurídicos fundamentales*. Tradução de Genaro R. Carrió. Buenos Aires: Centro editor de América Latina, 1968.

JORGE, Flávio Cheim; SANTANNA, Vinícius. Fundamentação das decisões judiciais: razões, interações com outras garantias, requisitos mínimos e controle. *Revista de Processo*, São Paulo, ano 45, v. 302, p. 89-110, abr. 2020.

JORGE, Flávio Cheim; SIQUEIRA, Thiago Ferreira. Função e técnica de julgamento dos Recursos Extraordinário e Especial. *Revista de Processo*, ano 44, v. 295, p. 165-192, set. 2019.

KELSEN, Hans. *Teoria pura do direito:* introdução à problemática científica do direito. Tradução de J. Cretella Jr. e Agnes Cretella. 5. ed. rev. São Paulo: Revista dos Tribunais, 2007.

LLORENTE, Francisco Rubio. Los males del Constitucional. *El país*, Madri, 9 ago. 2012. Disponível em: https://elpais.com/elpais/2012/08/08/opinion/1344428642_876035.html. Acesso em: 18 jul. 2022.

MACÊDO, Lucas Buril de. Autorreferência como dever de motivação específico decorrente do stare decisis. *Revista de Processo*, São Paulo, ano 43, v. 282, p. 411-433, ago. 2018.

MAGALHÃES, Breno Baía; SILVA, Sandoval Alves. Quem vê ementa, não vê precedente: ementismo e precedentes judiciais no projeto do CPC. In: FREIRE, Alexandre *et al.* (Org.). *Novas Tendências do Processo Civil*: estudos sobre o Projeto do Novo Código de Processo Civil. Salvador: JusPodivm, 2014. p. 211-237. (Volume 2).

MANCUSO, Rodolfo de Camargo. *Divergência jurisprudencial e súmula vinculante*. 5. ed. São Paulo: Revista dos Tribunais, 2013.

MANCUSO, Rodolfo de Camargo. *Incidente de resolução de demandas repetitivas*: a luta contra a dispersão jurisprudencial excessiva. São Paulo: Revista dos Tribunais, 2016.

MANCUSO, Rodolfo de Camargo. *Recurso extraordinário e recurso especial*. 14. ed. São Paulo: Thomson Reuters Brasil, 2018.

MANCUSO, Rodolfo de Camargo. *Sistema brasileiro de precedentes*: natureza, eficácia, operacionalidade. 2. ed. São Paulo: Revista dos Tribunais, 2016.

MATTEI, Ugo; ARIANA, Emmanuele. *Il Modelo Di Common Law*. 4. ed. Torino: Giappichelli Editore, 2014.

MAUÉS, Antonio Moreira. O efeito vinculante na jurisprudência do Supremo Tribunal Federal: análise das reclamações constitucionais n. 11.000 a 13.000. *Revista Direito GV*, São Paulo, v. 12, n. 2, p. 441-460, maio/ago. 2016. Disponível em: https://www.scielo.br/j/rdgv/a/WhYTbntR4qksNtTXL9fpCJb/abstract/?lang=pt. Acesso em: 18 jul. 2022.

MARANHÃO, Clayton. O dever constitucional da fundamentação da sentença e o novo código de processo civil de 2015: estudo de caso a respeito dos precedentes judiciais em matéria constitucional e o padrão máximo de fundamentação no direito brasileiro. *Revista Eletrônica de Direito Processual*, Rio de Janeiro, ano 10, v. 17, n. 2, p. 101-119, jun./dez. 2016.

MARINONI, Luiz Guilherme. *Precedentes obrigatórios*. São Paulo: Revista dos Tribunais, 2010.

MARINONI, Luiz Guilherme. O problema do incidente de resolução de demandas repetitivas e dos recursos extraordinário e especial repetitivos. *Revista de Processo*, São Paulo, ano 40, v. 249, p. 399-419, nov. 2015.

MARINONI, Luiz Guilherme. Julgamento Colegiado e Precedente. *Revista de Processo*, [S.l.], ano 42, v. 264, p. 357-394, fev. 2017.

MARINONI, Luiz Guilherme. *A Ética dos Precedentes*. 4. ed. São Paulo: Thomson Reuters Brasil, 2019.

MARINONI, Luiz Guilherme. *Processo Constitucional e Democracia*. São Paulo: Thomson Reuters Brasil, 2021.

MARÇAL, Felipe Barreto. Contraditório, fundamentação e técnica de julgamento colegiado: violação do contraditório (e ao dever de fundamentação), da isonomia, da previsibilidade e da segurança jurídica com o sistema de "votação global". *Revista de Processo*, São Paulo, ano 44, v. 290, p. 247-275, abr. 2019.

MAROCCO, Jair Sá. O STF como Corte interpretativa: criação do direito no plano constitucional e no plano legal. *Revista de Processo*, São Paulo, v. 41, n. 260, out. 2016.

MAROCCO, Jair Sá. Sentenças aditivas e formação de precedentes. *Revista de Processo*, São Paulo, v. 42, n. 268, p. 515-531, jun. 2017.

MAROCCO, Jair Sá; COSTA, Rosalina Moitta Pinto da. Vinculação a precedentes do Supremo Tribunal Federal: análise à luz do Código de Processo Civil de 2015. *Revista de Processo*, [S.l.], ano 44, v. 288, p. 423-443, fev. 2019.

MARTINS FILHO, Ives Gandra da Silva. Confronto entre TST e STF: uma análise psicológica do direito. *Consultor Jurídico*, São Paulo, 21 out. 2020. Disponível em: https://www.conjur.com.br/2020-out-21/gandra-filho-tst-stf-analise-psicologica-direito. Acesso em: 25 abr. 2022.

MEDINA, Damares. *A repercussão geral no Supremo Tribunal Federal*. São Paulo: Saraiva, 2016 (Série IDP: linha pesquisa acadêmica)

MEDINA, Miguel Garcia. *Código de processo civil comentado*. 5 ed. São Paulo: Thomson Reuters Brasil, 2021.

MEDINA, José Miguel Garcia. *Código de Processo Civil Comentado*. 8. ed. São Paulo: Thomson Reuters Brasil, 2022.

MENDES, Gilmar Ferreira; VALE, André Rufino do. Questões atuais sobre as medidas cautelares no controle abstrato de constitucionalidade. *Observatório da Jurisdição Constitucional*, ano 5, v. 1, n. 1, 2011. Disponível em: https://www.portaldeperiodicos.idp.edu.br/observatorio/article/view/661. Acesso em: 18 jul. 2022.

MITIDIERO, Daniel. Precedentes, Jurisprudência e Súmulas no Novo Código de Processo Civil Brasileiro. *Revista de Processo*, São Paulo, ano 40, v. 245, p. 333-349, jul. 2015.

MITIDIERO, Daniel. *Precedentes* – Da persuasão à vinculação. 3. ed. São Paulo: Thomson Reuters Brasil, 2018.

MODUGNO, Franco. *Interpretazione giuridica*. 2. ed. Padova: Cedam, 2012.

NERY, Nelson; NERY, Rosa Maria. *Código de Processo Civil Comentado*. 6. ed. São Paulo: Thomson Reuters Brasil, 2021.

NUNES, Dierle; FREITAS, Marina Carvalho. A necessidade de meios para superação dos precedentes. *Revista de Processo*, São Paulo, ano 43, v. 281, p. 433-489, jul. 2018.

OLIVEIRA, Bruno Silveira de. O sistema de pretensões repetitivas: entre a justiça formal e a razoável duração dos feitos (uma análise do prazo de suspensão de demandas e de recursos repetitivos no Código de Processo Civil). *Revista de Processo*, ano 43, v. 284, p. 319-330, out. 2018.

OLIVEIRA JÚNIOR, Délio Mota de. Teoria brasileira dos precedentes judiciais e o argumento novo, não considerado na formação da tese jurídica. *Revista de Processo*, ano 43, v. 280, p. 379-402, jun. 2018.

PAIXÃO, Shayane do Socorro de Almeida da; SILVA, Sandoval Alves da; COSTA, Rosalina Motta Pinto da. A superação dos precedentes na teoria dos diálogos institucionais: análise do caso da Vaquejada. *Revista de Investigações Constitucionais*, Curitiba, v. 8, n. 1, p. 275-301, jan./abr., 2021. Disponível em: https://revistas.ufpr.br/rinc/article/view/71072. Acesso em: 12 jul. 2022.

PASSAGLIA, Paolo. A estrutura e a forma das decisões e o uso do direito comparado pelos juízes constitucionais. *In:* ROMBOLI, Roberto; ARAÚJO, Marcelo Labanca Corrêa (org.). *Justiça constitucional e tutela jurisdicional dos direitos fundamentais*. Tradução de Alessandro Landini *et al*. Belo Horizonte: Arraes Editores, 2015. p. 2-18.

PEIXOTO, Ravi. O sistema de precedentes desenvolvido pelo CPC/2015 – Uma análise sobre a adaptabilidade da distinção (distinguishing) e da distinção inconsistente (inconsistente distinguishing). *Revista de Processo*, São Paulo, ano 40, v. 248, p. 331-355, out. 2015.

PINO, Giorgio. *Derechos e interpretación:* el razonamiento jurídico em el Estado constitucional. Tradução de Horacio Sánchez Pulido *et al.* 3. ed. Bogotá: Universidad Externado de Colombia, 2014. E-book.

PORTUGAL. Tribunal Constitucional. Acórdão 810/93: a questão da inconstitucionalidade da norma do art. 2. do Código Civil – O instituto dos assentos. *Polis:* Revista de Estudos Jurídico-Políticos, v. 1, p. 115-157, 1994. Disponível em: http://repositorio.ulusiada.pt/handle/11067/4837. Acesso em: 19 jul. 2022.

SCAFF, Fernando Facury; MAUÉS, Antonio Moreira. *Justiça constitucional e tributação.* São Paulo: Dialética, 2005.

SARLET, Ingo Wolfgang. *A eficácia dos direitos fundamentais.* 10. ed. Porto Alegre: Livraria do Advogado, 2010.

SILVA, José Afonso da. *Comentário Contextual à Constituição.* 6. ed. São Paulo: Malheiros, 2009.

SILVA, Virgílio Afonso da. "Um voto qualquer?" o papel do ministro relator na deliberação no Supremo Tribunal Federal. *Revista Estudos Institucionais,* v. 1, n. 1, p. 180-200, 2015. Disponível em: https://estudosinstitucionais.com/REI/article/view/21. Acesso em: 19 jul. 2022.

STRECK, Lênio Luiz. Por que commonlistas brasileiros querem proibir juízes de interpretar? *Consultor Jurídico,* São Paulo, 22 set. 2016. Disponível em: https://www.conjur.com.br/2016-set-22/senso-incomum-commonlistas-brasileiros-proibir-juizes-interpretar. Acesso em: 16 jul. 2022.

THEODORO JÚNIOR, Humberto. Jurisprudência e precedentes vinculantes no novo Código de Processo Civil: demandas repetitivas. *Revista de Processo,* São Paulo, ano 41, v. 255, p. 359-372, maio 2016. E-book.

TOCQUEVILLE, Alexis de. *A Democracia na América.* Tradução de Julia da Rosa Simões. São Paulo: Edipro, 2019. E-book.

TUCCI, Rogério Cruz e. Parâmetros de eficácia e critérios de interpretação do precedente judicial. *In:* WAMBIER, Tereza Arruda Alvim (coord.). *Direito jurisprudencial.* São Paulo, Revista dos Tribunais, 2012.

VALE, André Rufino do. É preciso repensar a deliberação no Supremo Tribunal Federal. *Consultor Jurídico,* São Paulo, 1 fev. 2014. Disponível em: https://www.conjur.com.br/2014-fev-01/observatorio-constitucional-preciso-repensar-deliberacao-stf. Acesso em: 18 jul. 2022.

VASCONCELOS, Ronaldo; CARNAÚBA, César. Agravo interno e a decisão monocrática fundada em precedente vinculante: entre a farra, o arbítrio e a prudência. *Revista de Processo,* São Paulo, v. 293, p. 219-248, jul. 2019.

VELOSO, Zeno. *Controle Jurisdicional de constitucionalidade.* 3. ed. Belo Horizonte: Del Rey, 2003.

VELOSO, Zeno. *Comentários à Lei de Introdução ao Código Civil.* Belém, PA: Unama, 2006.

VIEIRA, Gustavo Silveira. Teoria da interpretação e precedentes no CPC/15: a fundamentação como standard de racionalidade estruturante e condição de possibilidade para discursos de aplicação. *Revista de Processo,* São Paulo, ano 43, v. 284, p. 399-423, out. 2018.

WAMBIER, Teresa Arruda Alvim *et al. Primeiros comentários ao novo código de processo civil.* 2. ed. São Paulo: Revista dos Tribunais, 2016.

WOLKART, Erik Navarro. Precedentes no Brasil e cultura: um caminho tortuoso, mas, ainda assim, um caminho. *Revista de Processo*, São Paulo, ano 40, v. 243, p. 409-434, maio 2015.

WURMBAUER JUNIOR, Bruno. *Novo Código de Processo Civil e os direitos repetitivos.* Curitiba: Juruá, 2015.

YOSHIKAWA, Eduardo Henrique de Oliveira. Decisão per incuriam e respeito aos precedentes no processo civil brasileiro. *Revista de Processo*, São Paulo, v. 293, p. 319-380, jul. 2019.

ZAGREBELSKY, Gustavo. *Principios y votos.* El Tribunal Constitucional y la política. Madri: Trotta, 2008.

ZAGREBELSKY, Gustavo; MARCENÓ, Valeria. *Giustizia costituzionale.* Bolonha: Il Mulino, 2012.

ZANETI JR., Hermes. *O valor vinculante dos precedentes.* Salvador: JusPodivm, 2015.

ZAVASCKI, Teori Albino. *Eficácia das sentenças na jurisdição constitucional.* 2. ed. São Paulo: Revista dos Tribunais, 2012.

Esta obra foi composta em fonte Palatino Linotype, corpo 10
e impressa em papel Pólen Bold 70g (miolo) e Supremo 250g
(capa) pela Gráfica Star7.